基礎の基礎から
よくわかる

はじめての
庭木・花木の
剪定と手入れ
せんてい

玉崎弘志＝著

ナツメ社

目次

はじめての 庭木・花木の剪定と手入れ

Part 1 庭木・花木で楽しむ庭

庭木・花木の3つの楽しみ …… 6
自然樹形を生かした庭 …… 7
刈り込み仕立ての庭 …… 8
花木の庭 …… 9
実を楽しむ庭 …… 10

基本❶ 剪定の目的 …… 16
基本❷ 剪定の時期を間違えない …… 17
基本❸ 正しい枝の切り方を覚えよう …… 18
基本❹ いろいろな樹形 …… 20
基本❺ 不要な枝の種類 …… 22
基本❻ 透かし剪定をマスターしよう …… 24
基本❼ 生け垣の刈り込み剪定 …… 26
基本❽ 芯を立てる …… 29
基本❾ 枝垂れ形の剪定 …… 30

Part 2 剪定と仕立ての基本

そろえたい道具と使い方 …… 12

Part 3 人気の庭木・花木の剪定

木の姿と緑を楽しむ

【常緑樹】
イヌツゲ …… 34／モチノキ …… 38
ソヨゴ …… 40／カクレミノ …… 41
カシ類 …… 42／ゲッケイジュ …… 44

常緑針葉樹

マツ…66／トウヒ…70／サワラ…72／イトヒバ…74／コノテガシワ…76／ニオイヒバ…78／イトスギ…81／キャラボク…82／コウヤマキ…84／イヌマキ…86／アメリカハイネズ…89

ユズリハ…47／オリーブ…48／シマトネリコ…50／モッコク…52／アオキ…54／カナメモチ…56／シャリンバイ…58／サカキ…59／ナンテン…60／ヒペリカム…62／ヤツデ…64／アメリカイワナンテン…65

特殊な樹形

シュロ…90／ソテツ…92／タケ…93

落葉樹

カエデ・モミジ…94／シダレモミジ…98

花や香りを楽しむ

常緑樹

ツバキ…110／サザンカ…112／キンモクセイ…115／ギンヨウアカシア…116／キョウチクトウ…118／トキワマンサク…119／ツツジ・サツキ…120／アセビ…125／シャクナゲ…126／カルミア…128／ジンチョウゲ…129／クチナシ…130／ヒラカンツバキ…132／ヒイラギナンテン…133／アベリア…134

アオダモ…101／ナツツバキ…102／クヌギ…104／クロモジ…107／メギ…108／ニシキギ…109

落葉樹

サクラ…136／ウメ…140／テルテモモ…143／マンサク…144／ハナミズキ・ヤマボウシ…146／スモークツリー…149／ムクゲ…150

実を楽しむ

常緑樹
柑橘類…178／ヤマモモ…180／クロガネモチ…182／セイヨウヒイラギ…183／ビワ…184／ピラカンサ…185／コトネアスター…186／フェイジョア…187

落葉樹
カキ…188／ジューンベリー…189／ザクロ…190／イチジク…192／ブルーベリー…194／ウメモドキ…195／ガマズミ類…196／キウイ…198

サルスベリ…152／モクレン…155／ユキヤナギ…156／コデマリ…158／シモツケ…160／ボケ…161／ハナカイドウ…162／アジサイ…163／ウツギ…164／バイカウツギ…165／タニウツギ…166／ロウバイ…168／ドウダンツツジ…170／ヒュウガミズキ…172／レンギョウ…173／ライラック…174／フヨウ…175／フジ…176

Part 4 庭木・花木の管理

移植の方法…200
肥料…203
主な病害虫と対処法…204
索引…206

さまざまなコニファーを植えたフロントガーデン

Part 1
庭木・花木で楽しむ庭

庭木や花木は庭の骨格を形づくる重要な存在です。
どの木を選び、どのように剪定したり仕立てるかによって、
庭のテーマや雰囲気が決まります。
庭木・花木を楽しむ庭の一例を紹介します。

庭木・花木の3つの楽しみ

楽しみの幅がさらに広がります。
木の姿や緑を楽しむ庭木の剪定では、庭におけるデザイン的な役割を考えながら剪定します。

木の姿と緑を楽しむ

庭木・花木の楽しみ方は、大きく分けて3つあります。まずひとつが、木の姿と緑を観賞することです。

木の姿（樹形）には、自然風の樹形と刈り込み仕立ての二種類があります。自然風の庭木で庭を構成すると、雑木林や森のような風情になり、いつも身近に自然を感じることができます。一方、刈り込み仕立ての庭では、伝統的な和風庭園やヨーロッパの整形式庭園のように、人工的な造形美を楽しむことができます。

また、木々の緑にも、濃い緑から薄緑、イエロー系、赤葉系、銅葉系、ブルー系、シルバーリーフ、斑入り葉などさまざまな葉色があります。紅葉や黄葉、葉の形まで意識すると、

花や香りを楽しむ

花木とは、花を観賞する庭木の総称です。花木の中には、花だけでなく、香りが楽しめるものも数多くあります。春のジンチョウゲや秋のキンモクセイ、真冬のロウバイなど、花の香りによって季節を知ることも少なくありません。

花木の剪定では、花芽を切り落としてしまうと花が楽しめなくなるので、花芽ができる時期（花芽分化期．P17参照）をよく確認し、剪定時期を間違えないことが大切です。

実を楽しむ

実を楽しむ庭木には、実が食用になる家庭果樹と、観賞用の実がなるものがあります。カキやザクロ、ビワなどは、古くから庭木としても親しまれている家庭果樹です。一方、観賞用の実がなる木には、ウメモドキやガマズミ類、ピラカンサなどがあります。花にはあまり観賞価値のないものが多いですが、ガマズミ類のように花も実も楽しめたり、紅葉と実りが同時に楽しめるものもあります。

実を楽しむ庭木の剪定では、花木同様、花芽を切り落とすと実が見られなくなるので、剪定の時期を間違えないようにします。

Part1 庭木・花木を楽しむ　6

自然樹形を生かした庭

庭木のフロントガーデン

シンボルツリーのハナミズキを中心に、さまざまな樹形、葉色のコニファー（針葉樹）を組み合わせています。樹高を考えて、背が高くなるものは後ろに、手前には矮性タイプの低木を配します。グリーン系、イエロー系、ブルー系など、さまざまな葉色を組み合わせることで、お互いを引き立て合っています。

紅葉を迎えた雑木の庭

雑木類を庭木として取り入れる「雑木の庭」の人気が高まっています。春の芽吹きや初夏の新緑、秋の紅葉、冬枯れの姿など、身近で四季の移ろいが楽しめる点が魅力です。写真はメグスリノキ（右）、ブナ（中央）、ヤマボウシ（左）。

刈り込み仕立ての庭

ボール仕立てのアプローチ

アプローチのステップの両脇にボール仕立て（玉づくり）に刈り込んだコニファーやツゲを配しています。シンメトリーな庭木の配置は、洋風の雰囲気を演出します。

造形的なデザインを楽しむ

石積みの間に玉や四角に刈り込んだイヌツゲを配したユニークなデザインです。和風の庭ながら、ポップな印象です。背景の半球形に刈り込んだキンモクセイ、イヌマキの玉散らしと合わせて、全体のバランスを考えて剪定します。

刈り込み仕立てと自然樹形を組み合わせる

円柱形に刈り込んだ手前のコウヤマキや玉散らしのチャボヒバの間に自然樹形の赤葉のカエデを入れることで、鮮やかな緑や造形的な樹形のおもしろさを引き立てています。

Part1 庭木・花木を楽しむ　8

花木の庭

通行人も楽しめるセイヨウシャクナゲ

フェンス沿いの満開のセイヨウシャクナゲ。道路に面したところに花木を植えると、外からの視線を遮る目隠しになると同時に、道を通る人にも花や香りを楽しんでもらうことができます。

玉散らしのウメ

造形的に仕立てたウメ。背景に玉散らしのカナメモチを配して、樹形や色調に統一感を持たせています。

シンボルツリーの枝垂れウメ

大きな傘を広げたような樹形になるように、花後すぐに剪定をして樹形を整えます。

実を楽しむ庭

黄葉と実が楽しめるウメモドキ

小枝にたくさんの赤い実がなるウメモドキは、秋の黄葉と実が同時に楽しめます。赤と黄色のコントラストが鮮やかです。

花も実も豪華なガマズミ

美しい花と赤い実、どちらも楽しめるガマズミは、近年人気の花木です。花後に強い剪定をすると実が楽しめなくなるので、強剪定は春の芽吹き前に行います。

ヒメリンゴのスクリーン仕立て

スクリーン仕立てにすると、狭い場所でも果樹栽培が楽しめます。ヒメリンゴの実は短枝の先につくので、不要な長い枝は切り戻して樹形を整えます。

透かし剪定

マツのミドリ摘み

ツツジの刈り込み剪定

Part 2
剪定と仕立ての基本

剪定、仕立ての目的や基本は、樹種が異なっても共通です。
見た目を整えるだけでなく、庭木・花木が健康的に生育できるように、
剪定と仕立てに関する基礎知識を
マスターしましょう。

そろえたい道具と使い方

「さあ、剪定をしよう！」と思ったら、まずは園芸店やホームセンターに出向いて、専用の道具をそろえましょう。初心者におすすめの道具類と使い方のコツを紹介します。

切る道具

透かし剪定の場合は、剪定バサミ、植木バサミ、ノコギリの3つをそろえましょう。切る枝の太さによって使い分けます。刈り込み剪定を行う場合は、刈り込みバサミを用意します。

刈り込みバサミ
生け垣などの刈り込み仕立てに使う。柄が軽量のアルミ製のものもある。

植木バサミ
細い枝を切るときに使う。マツやカエデなどの細い枝や、仕上げの枝先の剪定に使う。

剪定バサミ
直径1.5cmくらいまでの枝を切ることができる。いろいろなサイズがあるので、手の大きさに合ったものを選ぶ。

剪定バサミ、植木バサミ、ノコギリの3点セットをホルダーに入れてベルトに通し、腰に下げておくと便利。

Part2 剪定と仕立ての基本　12

結ぶ・巻く道具

切る道具のほかに、剪定作業の邪魔になる隣の木の枝を縛ったり、枝を誘引したりする縄やひもを用意しましょう。移植や支柱立ての道具も紹介します。

麻布
根巻き用のロールタイプの麻布。木を移植する際に根鉢に巻きつける。

杉テープ
幹や枝を支柱に誘引する際、傷つけないように巻きつけて使用する。杉皮などを利用してもよい。

麻ひも
作業の邪魔になる枝などを縛るのに便利。そのほか、脚立が倒れないように木に固定するときも使う。

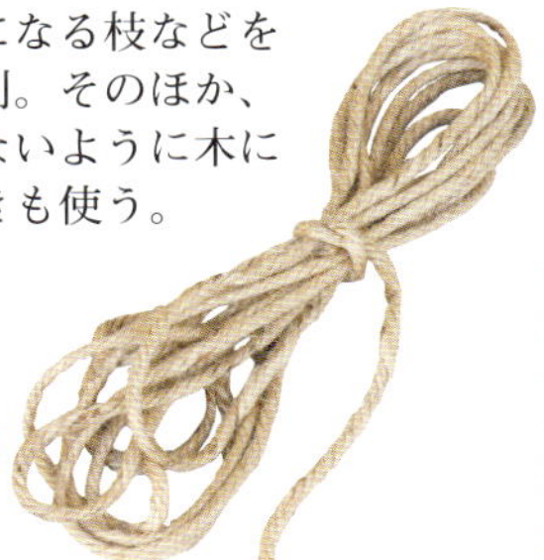

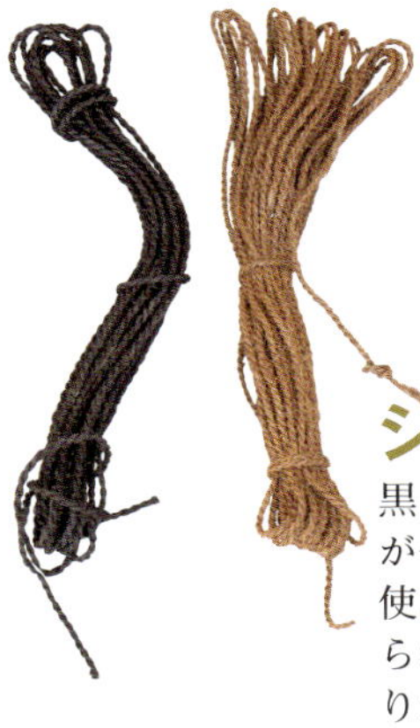

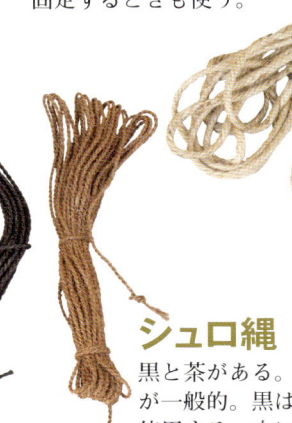

シュロ縄
黒と茶がある。誘引には茶が一般的。黒は主に垣根に使用する。水につけてやわらかくしてから使うとすべりがよく、乾くと締まる。

ノコギリ
剪定バサミでは切れない太い枝に使用する。長さ25～30cmが一般的。タケを切るときは目の細かいタケ専用のノコギリを使う。

その他の道具

作業用手袋
ケガをしないように作業時は手袋を着用する。ハサミやノコギリを握る利き手は素手でもよいが、反対の手は必ず着用する。すべり止めのついたものや革製のものがおすすめ。

安全な三脚脚立の使い方

高いところの作業をするときも、一番上の段には足をかけない。

切る枝より後ろに三脚をすえ、前に体重がかかるようにして、はしご段に乗って作業をする。

脚を完全に開き、チェーンをかける。二等辺三角形になるように脚の長さを調整する。

三脚脚立
伸縮型で支柱の高さが調整できるので、斜面でも使用できる。

足場
手の届かない高い木の剪定には脚立があると便利です。三脚脚立は狭い場所にも脚が差し込めるのでおすすめです。

✗ こんな使い方は危険!

脚の長さの調整が悪く、二等辺三角形になっていない。後ろに脚立ごと倒れるので危険。

脚とはしご段の位置が逆。体重が後ろにかかっていると、脚立が倒れたときに逃げることができない。

ケガをする危険があるので、脚立に刈り込みバサミなどの道具をかけない。

バランスを崩しやすいので、一番の上の段には絶対に乗ったり足をかけたりしない。

プロの技!

安全性を高める工夫
身近にあるものを利用して、脚立の高さを調整したり、安全に作業するための工夫をしましょう。

ひもで固定する
危険なので原則として一番上の段には脚をかけないが、やむを得ない場合は、脚立をひもなどで木に結びつけて固定する。

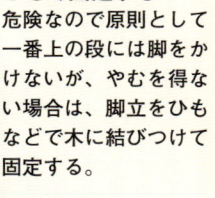

木っ端で高さを調整する
脚の高さを上げたいときは、下に木っ端などを入れるとよい。

掃除道具

剪定をすると、たくさんの枝や葉のゴミが出ます。剪定の心得として、出たゴミは必ずきれいに掃除しましょう。専用の道具を用意しておくと、手間も時間も短縮できます。

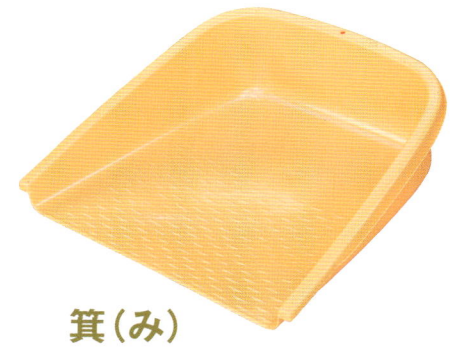

箕（み）
ちりとりでは小さいので、ゴミを集めるのに箕があると便利。

クマデ
大小さまざまなものが市販されている。地面に落ちた枝をかき集めるのに便利。

ゴミ入れ
大型の立体的なゴミ入れ。ガーデニング専用のものが市販されている。

竹ボウキ
クマデで枝を集めたあと、残った細かい枝や葉などをホウキではく。

プロの技！

剪定したタケの枝で竹ボウキをつくる

タケの剪定枝を再利用して、刈り込み後の仕上げや掃除に使える小さなホウキをつくりましょう。

1 剪定したタケの枝を30〜40cmの長さに切りそろえる。

2 ❶の枝を束ね、水に浸したシュロ縄をしっかりと巻く。巻いたところが柄になる。

3 ❷の上にもシュロ縄を巻き、持ち手をつけて完成。使い方は83、124ページ参照。

剪定の基本 1

剪定の目的

剪定をしないと木は「山の木」に戻る

樹木には「山の木」「植木」「庭木」の3つの段階があります。

「山の木」とは人の手が入らない自然な状態の樹木のことで、「植木」は山から掘り上げたり、実生苗やつぎ木苗として、生産者の畑に植えられている樹木のことです。そして、植木が庭に植えられ、庭の中で役割を与えられて初めて、その樹木は「庭木」と呼ぶことができるのです。

しかし、庭木もまったく剪定や手入れをせずに放任すれば、少しずつ自然の状態、つまりは山の木に戻ってしまいます。庭の景観を損ね、樹高や枝を伸ばし放題では、庭木としての役割を果たしているとはいえません。樹木が庭木であるためには、剪定によって、それぞれの庭での目的に合った大きさや樹形に維持することが大切です。

庭木の健康を保つための剪定

庭木を放任して庭が鬱蒼としてしまったり、日当たりが悪くなってほかの植物が枯れたりした経験はありませんか？ 庭木の剪定をしないと見た目が悪いだけでなく、樹冠の内部の日当たりや風通しが悪くなって中の枝や葉が枯れ込んだり、病害虫が発生しやすい状態になります。庭木の健康な状態を保つためにもこまめに剪定を行って、日当たりと風通しのよい環境を心がけましょう。

コニファーの植木畑。植木が庭に植えられてはじめて「庭木」になる。

剪定の基本 2

剪定の時期を間違えない

剪定はいつでも好きなときにできるわけではありません。木の種類や観賞の目的によって、それぞれ作業適期があります。剪定の時期を間違えると、せっかくの花や実を楽しめなくなるだけでなく、切り口から樹液が大量に流れ出して木を弱らせたり、大切な木を枯らしてしまうこともあります。34ページ以降の剪定カレンダーをよく見て、必ず適期に作業を行うようにしましょう。

一般に、落葉樹の剪定適期は落葉中の晩秋から芽吹き前の休眠期、常緑広葉樹は新芽が動き出す前の3月下旬から4月、伸びた新芽が成熟し

常緑樹と落葉樹の剪定適期

て固まる7月から8月、10月から11月と覚えておきましょう。針葉樹は12月から3月の間に行います。

花木の剪定適期

花木の剪定では、花芽を切り落としてしまうと、楽しみにしていた花や実を見ることができなくなってしまうので注意が必要です。

そのため、花芽がいつできるのか、花芽分化の時期を知ることが大切です。花芽分化期は樹種によって異なるので、下の表と各剪定カレンダーを参照してください。原則として花木の場合、強めの剪定は花後すぐに、花芽ができてからは軽く形を整える程度、と覚えておきましょう。

花芽分化の時期と剪定適期

開花期	主な花木	花芽ができる時期（花芽分化期）	剪定適期
春咲き	ウメ、コデマリ、ユキヤナギ、ハナミズキ、ツツジ、ツバキ、モクレン、ライラック、クチナシ、シャクナゲなど	開花後2か月	花後すぐ
夏咲き	バラ、サルスベリ、キョウチクトウ、ムクゲなど	春に新しく伸びた枝先に花芽がつく	冬～芽吹き前

ツバキの花芽と葉芽。初夏には先端に花芽ができているので、切り落とすと来春の花が見られなくなる。

剪定の基本 3

正しい枝の切り方を覚えよう

木への負担を最小限にし見た目も美しく切るのがコツ

剪定バサミや植木バサミで枝を切るときは、芽や枝のすぐ上で切るようにします。切り口を残すと見た目が悪いだけでなく、病気や枯れ込みの原因にもなります。また、芽が内向き（内芽）か外向き（外芽）かもよく確認しましょう。内芽の上で切り戻すと伸びた芽が立ち枝気味になるので、原則として外芽のすぐ上で切り戻します。

さらに、切り戻すときは、樹冠より深め、を心がけます。樹冠上で切り戻すと、すぐに芽が伸び出して樹形を乱すためです。

太い枝をノコギリで切るときは、P19のように三段階に分けて切り込みを入れると幹の皮が裂けません。

芽や枝のすぐ上で切る
つけ根のぎりぎりで切って切り口を残さない。

内芽と外芽を確認する
原則として外芽のすぐ上で切り戻す。内芽の上で切ると伸びた芽が立ち枝気味になる。

樹冠より深めに切り戻す

仕立てたい株の姿（樹冠）をイメージする。

芽の伸びしろを考えて、樹冠よりも深めに切り戻す。

太い枝の切り方

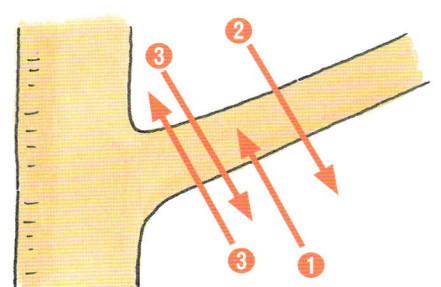

❶ 枝のつけ根から数センチ離れたところに、枝の太さの1/3くらいまで下から切り込みを入れる。

❸は上から下、下から上、どちらでもよい。

❸ 枝を切り落としたところ。❶で切り込みを入れたことで、樹皮が裂けない。

❷ 切り込みを入れたところから数センチ離れたところで、上から枝を切り落とす。

❹ 切り残しがあるとそこから枯れ込むので、枝のつけ根から切り残しを切り落とす。

❺ 剪定終了。切り口の下側のふくらみに傷口を治す物質が入っているので、えぐり取らないようにする。

下側のふくらみを残す

下から切り込みを入れずに上から切ると、写真のように樹皮が裂けて幹を傷めてしまう。

19

剪定の基本 4

いろいろな樹形

美しく剪定をするには、まず、どのような形に仕立てたいのか、理想の樹形をイメージすることが大切です。庭木の樹形には、透かし剪定や切り戻し剪定で仕立てる自然風のものと、刈り込んで仕立てる人工的なものがあります。それぞれの木の特徴や庭での役割を考えながら、好みの樹形を選びましょう。

自然風の樹形

株立ち
3本以上の木が立ち上がった樹形。全体で小さな森のように見えるように仕立てる。モミジ、ヒメシャラ、コナラなどの雑木に向く。

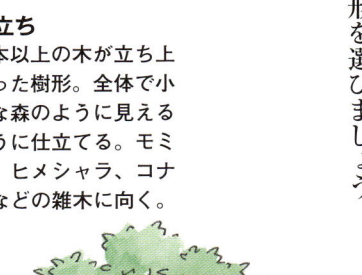

一本立ち
一本の主幹に脇枝がついている樹形。単幹ともいう。モッコク、ツバキなどの常緑樹、サクラ、コブシのような花木に向く。

枝垂れ形
枝が下に垂れる樹形。垂れる枝が美しい放物線を描くように仕立てる。ウメ、サクラ、カエデなどが代表的。

人工的な樹形

玉づくり
刈り込みで球状に仕立てた樹形。ツゲの仲間やドウダンツツジなど、刈り込みに強い庭木に向く。

扇形
アーチ状に枝垂れる枝ぶりを利用して扇形に仕立てる。コデマリやユキヤナギ、レンギョウ、タニウツギなど。

低半球形
玉づくりの一種で、ツツジやヒラカンツバキ、矮性のコニファーなど、低木を刈り込みで仕立てるのに向く。

模様木
幹や枝や左右前後に曲がっている仕立て方。庭木のマツや盆栽などに多い。

円錐形
クリスマスツリーをイメージするとわかりやすい。コニファー類（針葉樹）に向く。

円柱形
刈り込みで円柱（円筒）形に仕立てる。カナメモチやツバキ、サザンカ、チャボヒバなど。

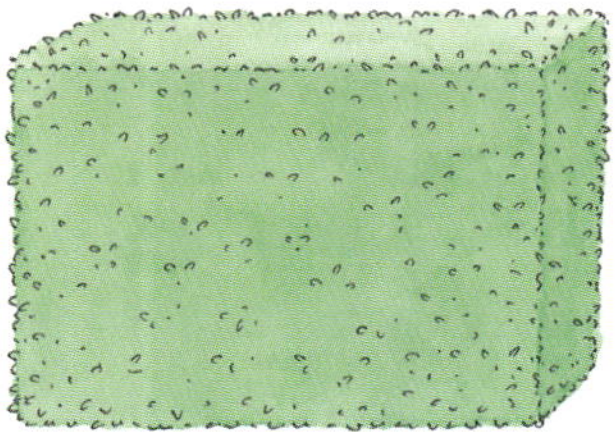

生け垣
樹木を刈り込んでつくる垣根のこと。場所に合わせて高さや幅を変える。刈り込みに強く、枝が密な樹種が適している。

玉散らし
枝や葉を丸く刈り込んで玉状にし、全体に不規則に配した仕立て方。散らし玉ともいう。ツゲの仲間やキャラボクなど刈り込みに強い樹種に向く。

スタンダード仕立て
下枝を切り取って上部だけを残した仕立て方。狭い庭やコンテナガーデンで庭木を楽しむのに向く。

トピアリー
動物や鳥、円柱、円錐、球形など、刈り込んで造形的な形に仕立てたもの。イヌツゲ、コニファー類（針葉樹）などに向く。

剪定の基本 5

不要な枝の種類

剪定の順序は、高いところから低いところ、太い枝から細い枝、が基本。どの枝を切るか迷ったときは、まず枯れ枝と「忌み枝」といわれる不要な枝を整理しましょう。ただし、全体のバランスを見ながら、枝が少ないところではあえて忌み枝を残したり、忌み枝を切り戻して新しい枝をつくるなど、適宜判断します。

枯れ枝

枯れた枝は元から切りとる。枝先が枯れ込んでいる場合は、枯れた部分を切り落とす。枯れ枝は変色したり、つやがないので見分けがつく。

平行枝（重なり枝）

複数の枝が平行して出ている場合は、日当たりや風通しが悪くなるので、バランスを見ながら一部の枝を元から間引く。

徒長枝

仕上げたい樹冠のラインから飛び出している徒長枝は、ラインより深めに切り戻すか、不要なら元から切り取る。

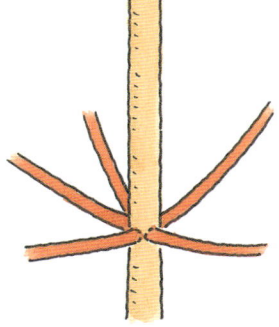

車枝

一か所から複数の枝が車輪状に出ている場合は、バランスが悪いので一部の枝を元から間引く。

Part2 剪定と仕立ての基本　22

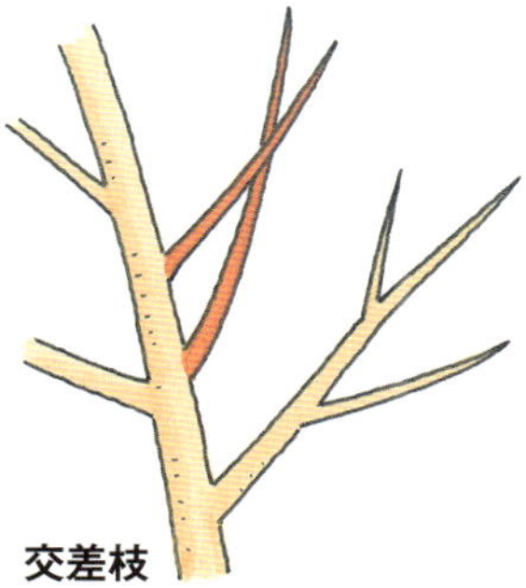

交差枝
枝同士が交差して込み合っている場合は、どちらか一方を元から切り取るか切り戻す。

内向枝（返り枝）
株の内側に向かって伸びる枝は、樹形のバランスを崩し、日当たりや風通しを悪くするので元から切り取る。

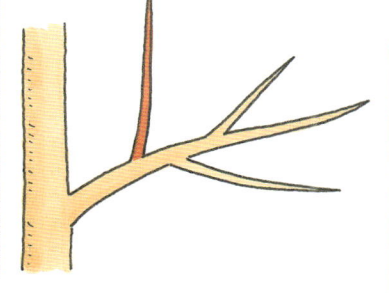

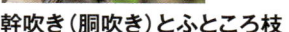

立ち枝
真上に伸びる枝。強すぎる枝になるので早めに元から切り取る。

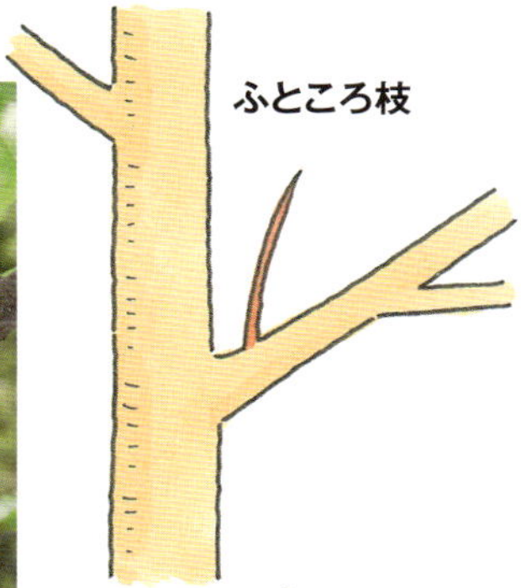

ふところ枝

幹吹き（胴吹き）とふところ枝
主幹から芽吹く弱々しい枝を幹吹き、主幹や枝元から出る弱々しい枝をふところ枝と呼ぶ。蒸れて病害虫の発生の原因になったり、枯れ込みやすいので、元から切り取る。

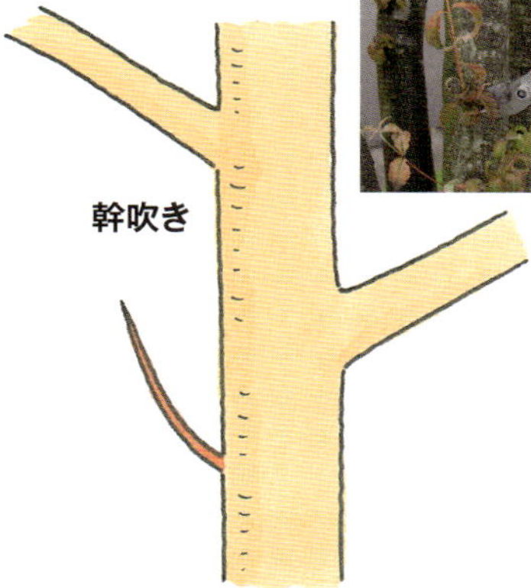

幹吹き

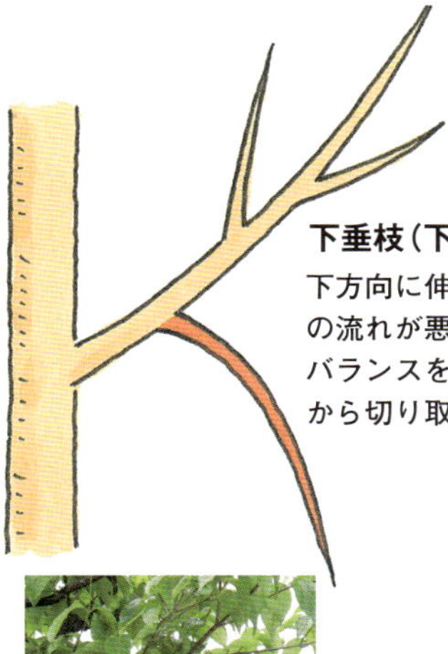

下垂枝（下がり枝）
下方向に伸びる枝。枝の流れが悪く、樹形のバランスを崩すので元から切り取る。

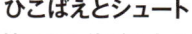

ひこばえとシュート
株元から伸びる小さな幹をひこばえ、株元から勢いよく伸び出す枝をシュートと呼ぶ。不要なら地際から切り取り、株立ちなどに生かす場合は残す。

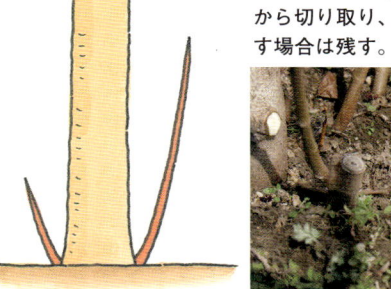

剪定の基本 6

透かし剪定をマスターしよう

透かし剪定とは、太すぎる枝や長すぎる枝、不要な枝を間引いたり切り戻したりしながら樹冠を整え、かつ全体の枝や葉のボリュームを均一にする剪定です。極端に長い枝や太い枝があると、その枝に養分が取られ、ほかの枝や葉の成長を妨げますが、透かし剪定によって枝の長さや太さ、葉のボリュームを均一にすると、養分が均等に行き渡り、バランスよく健康的に成長することができます。枝や葉のボリュームは木の表面から見ても判断しにくいので、株の内部に入って、下から見上げて確認するようにします。

透かし剪定で外も中も美しく

自然風の樹形でも刈り込み仕立てでも、樹冠にそって形を整える剪定の基本は同じです。ただし、表面的に切りそろえるだけでは、株の内部への日当たりや風通しが悪くなり、やがて中の枝や葉が枯れ込んだり、病害虫が発生する原因になります。表面の葉だけが残り、内部にほとんど葉がない庭木をよく見かけますが、それは表面的な剪定を繰り返し、中の枝や葉が枯れてしまったことが原因です。

そこで、仕上がりも美しく、庭木にとっても健康的な「透かし剪定」というテクニックをマスターしましょう。

株の内部に入って下から見ると、枝や葉のボリュームが多いところ、少ないところがよくわかる。剪定中も何度か下から見てボリュームを確認するとよい。

下から見た透かし剪定

Before 剪定前

シラカシの木を下から見たイメージ。枝の長さやボリュームがまちまちなので、透かし剪定（間引きや切り戻し）で樹冠と全体のボリュームを均一に整える。

1 太い枝、長い枝を元から間引く

樹冠から飛び出している長い枝は、つけ根から切り取って間引く。ボリュームが少ない部分では、樹冠より深めに切り戻してもよい（P18参照）。周囲の枝よりも太すぎる枝は、元から切り取る。

2 込み合った枝を間引く

枝や葉が込み合った部分は、元から枝を間引く。枝の太さ、枝葉の数が均一になるまで全体を間引いていく。

3 枝先を整える

樹冠や全体のボリュームがほぼ整ったら、枝先の枝や葉を間引いたり、切り戻して仕上げをする。

After

剪定後

きれいな円の樹冠に整い、枝や葉のボリュームも均一になった。剪定適期ならこれくらい透かしても大丈夫。

剪定の基本 7

生け垣の刈り込み剪定

生け垣の刈り込みは、樹種が違っても基本は同じです。美しい生け垣づくりのコツをマスターしましょう。刈り込みは年2回。芽吹き前の休眠期に強めに刈り込み、新しく伸びた芽が固まる7月中旬頃に軽く刈り込んでラインを整えます。ただし、春咲きの花木は花芽を切り落とさないように休眠期は軽めに、花後に強めに刈り込みます。

刈り込みバサミの使い方

刈り込みバサミは両面が使えます。腰より低い位置の平面を刈るときは刃を上反りに、高い位置の平面や曲面を刈るときは下反りにします。左の脇を締めて左の刃を固定し、

1 前面と裏面を刈る

日の当たる前面を好みの厚さになるまで平らに刈る。芽吹き前の刈り込みでは上部をやや強めに刈り込んで、わずかに台形にする。前面が刈り終わったら裏面を浅めに刈る。

Before 剪定前
マサキの生け垣。芽が伸び出してラインが崩れている。

日当たり面 / 裏面

刃が上反り
腰より低いところは刃を上反り

刃が下反り
腰より高いところは刃を下反り

右の刃を動かすようにすると（P121参照）力の位置が安定し、トラ刈りになりません。

3 上面（天端）を刈る

↓

↓

上面を刈るときは、両サイドに支柱を立て、地面と平行に刈りたい高さにひもを張る。ひもに沿って平らに刈っていく。奥のほうが高くなりがちなので、意識的に奥を低めに刈るようにする。

2 側面を刈る

側面を平らに刈る。

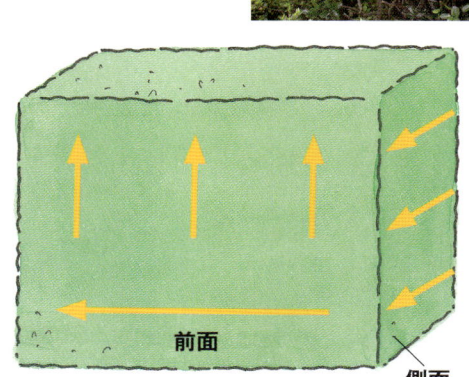

Point 飛び出した太い枝をハサミで切り戻す

刈り込んだ面から飛び出している太い枝は剪定バサミでラインより内側に切り戻す。

刈り込み後の施肥

芽吹き前の休眠期に刈り込みをした場合は、芽を旺盛に吹かせて美しい生け垣にするために固形の化成肥料を施します。夏の刈り込みでは肥料を控えめにするか施しません。

生け垣にそってスコップで溝を掘り、肥料をばらまく。

日光でチッソ分が蒸発しないように土を埋め戻す。

4 面取りをする

上面を刈り終えたらひもをはずし、刃を下反りにして角を45度に面取りをする。面取りをすると多少のラインのゆがみが気にならない。

剪定後

ラインがきれいに整った。竹ボウキ（P15参照）で刈った面をなでるようにはくと、刈り残した小枝が飛び出てくるので、最後に軽く刈って仕上げをする。ゴミなどもきれいに取り除く。

Part2 剪定と仕立ての基本　28

剪定の基本 8

芯を立てる

After *Before*

枝分かれして芯が割れている。樹形がまとまらないので仕立て直しをする。写真はイチイ。

芯が立ち、芯を中心に円錐形の樹形にまとまった。

コニファーのような円錐形では、中心となる「芯」が立っていないと、まとまりのない樹形になってしまいます。剪定を行う際はまず芯の位置と高さを決め、芯を中心にした樹冠のラインに沿って枝を調整していきます。芯が割れてしまったときは仕立て直しを行い、樹高を低く抑えたいときは芯を立て替えます（P80参照）。

1 枯れ枝を整理する
枝の枯れた部分をノコギリや剪定ハサミで切り取る。

2 内部の枝を透かす
株の内部が込み合っていると蒸れて枯れ込みの原因になるので、間引いて透かす。

3 枝をまとめる
分かれた枝を麻ひもなどでひとつにまとめて芯を1本にする。

4 全体のバランスを整える
新しい芯を中心とした円錐形に整うように全体を剪定する。

剪定の基本 9

枝垂れ形の剪定

シダレザクラやシダレウメ、オウバイ、シダレモミジなど、枝垂れ形の庭木・花木の剪定方法を覚えましょう。樹種が違っても、基本的な剪定方法は同じです。上から段々に滝が流れ落ちるような樹形と、放射線状に曲線を描いて枝垂れる枝ぶりを生かすように剪定します。

枯れ枝

1 枯れ枝を切り取る
色が変わっている枯れ枝をすべて元から切り取る。

2 込み合った枝を整理する
枝が交差したり込み合っているところは、流れのよい枝を残して不要な枝を元から切り取る。

剪定前

Before
枝や葉がしげって、枝ぶりがよく見えない。全体的に枝が伸びてだらしない印象。写真はシダレエンジュ。

Point
枝ぶりをよく見る
上から段々に流れるような枝ぶりをつくるために、流れのよい枝を見きわめる。

3 流れの悪い枝を切り取る
直線的な流れの悪い枝を元から切り取るか、よい枝があるところまで切り戻す。

4 長い枝を外芽の先で切り戻す
長すぎる枝は外芽か外側に曲線を描いて枝垂れる枝のあるところで切り戻す。

剪定後

After 枝や葉を整理したことで、枝ぶりが見えるようになった。

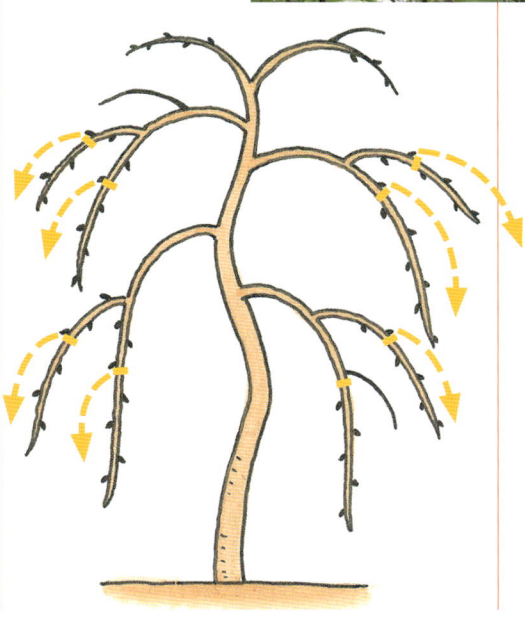

ページの見方

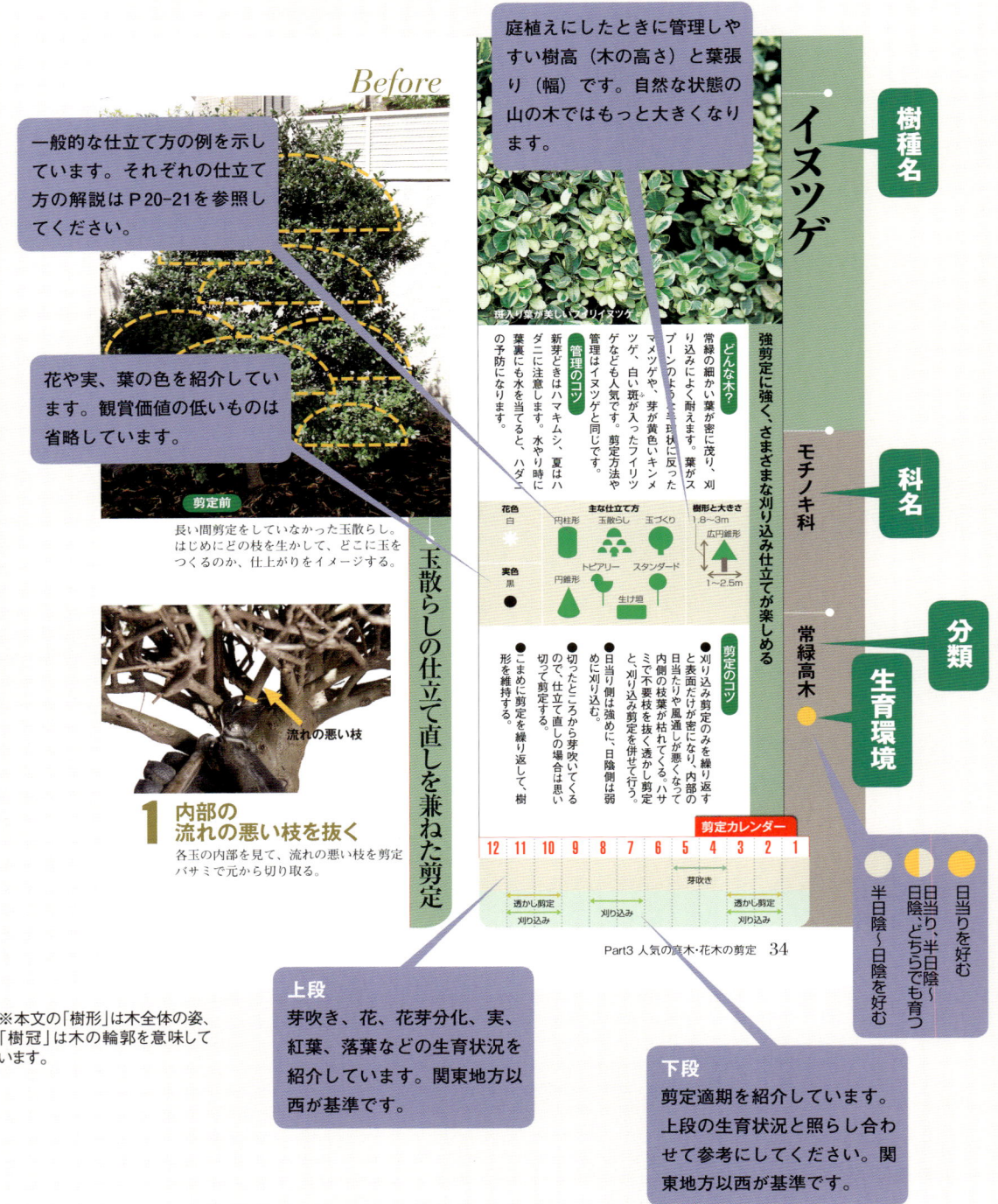

一般的な仕立て方の例を示しています。それぞれの仕立て方の解説はP20-21を参照してください。

花や実、葉の色を紹介しています。観賞価値の低いものは省略しています。

庭植えにしたときに管理しやすい樹高（木の高さ）と葉張り（幅）です。自然な状態の山の木ではもっと大きくなります。

樹種名

科名

分類

生育環境

上段
芽吹き、花、花芽分化、実、紅葉、落葉などの生育状況を紹介しています。関東地方以西が基準です。

下段
剪定適期を紹介しています。上段の生育状況と照らし合わせて参考にしてください。関東地方以西が基準です。

※本文の「樹形」は木全体の姿、「樹冠」は木の輪郭を意味しています。

ユズの実　　　　　　ハナカイドウの花　　　　　　イチイの新緑

Part 3
人気の庭木・花木の剪定

庭によく植えられている庭木・花木101種の剪定方法を
樹種別に紹介します。
「木の姿と緑を楽しむ」「花や香りを楽しむ」「実を楽しむ」の3つのテーマに沿って、
それぞれの目的に合わせた剪定をしましょう。

イヌツゲ

モチノキ科　常緑高木

強剪定に強く、さまざまな刈り込み仕立てが楽しめる

斑入り葉が美しいフイリイヌツゲ

どんな木?

常緑の細かい葉が密に茂り、刈り込みによく耐えます。葉がスプーンのような半球状に反ったマメツゲや、芽が黄色いキンメツゲ、白い斑が入ったフイリツゲなども人気です。剪定方法や管理はイヌツゲと同じです。

管理のコツ

新芽どきはハマキムシ、夏はハダニに注意します。水やり時に葉裏にも水を当てると、ハダニの予防になります。

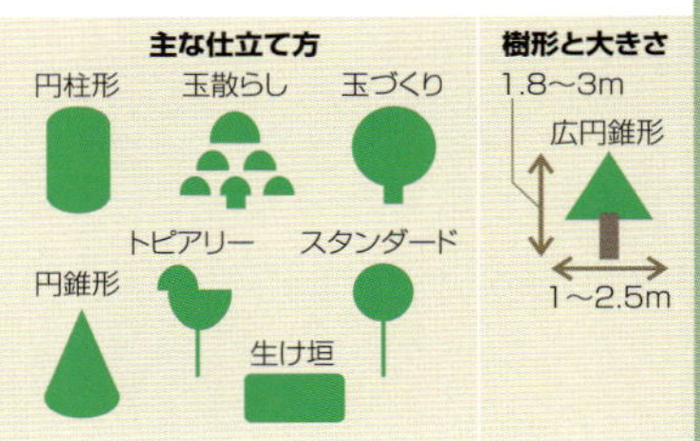

剪定のコツ

- 刈り込み剪定のみを繰り返すと表面だけが密になり、内部の日当たりや風通しが悪くなって内側の枝葉が枯れてくる。ハサミで不要枝を抜く透かし剪定と、刈り込み剪定を併せて行う。
- 日当り側は強めに、日陰側は弱めに刈り込む。
- 切ったところから芽吹いてくるので、仕立て直しの場合は思い切って剪定する。
- こまめに剪定を繰り返して、樹形を維持する。

花色
白 ☆

実色
黒 ●

主な仕立て方
円柱形／玉散らし／玉づくり／トピアリー／スタンダード／円錐形／生け垣

樹形と大きさ
1.8〜3m　広円錐形　1〜2.5m

剪定カレンダー

12	11	10	9	8	7	6	5	4	3	2	1
							芽吹き				
透かし剪定			透かし剪定								
刈り込み			刈り込み								

Before

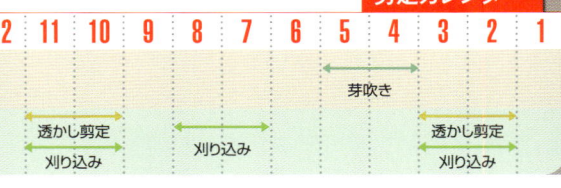

剪定前

長い間剪定をしていなかった玉散らし。はじめにどの枝を生かして、どこに玉をつくるのか、仕上がりをイメージする。

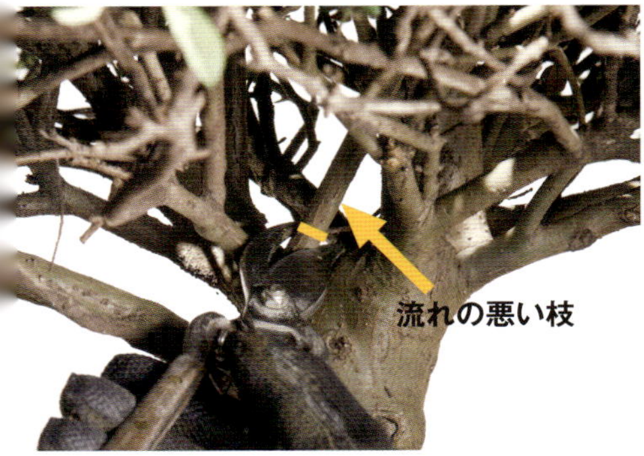

玉散らしの仕立て直しを兼ねた剪定

流れの悪い枝

1 内部の流れの悪い枝を抜く

各玉の内部を見て、流れの悪い枝を剪定バサミで元から切り取る。

Part3 人気の庭木・花木の剪定　34

木の姿と緑を楽しむ ● 常緑高木 ● イヌツゲ

4 植木バサミで仕上げる

① 枝や葉が少ないところは、刈り込みすぎないように植木バサミで丁寧に1本ずつ長さをそろえる。

② 玉と玉が重ならないように、間の枝を抜いて、ひとつひとつの玉をはっきりさせる。

③ 玉の底辺はできるだけ直線になるようにする。下側に飛び出している枝は切り取る。

2 不要な太い枝を抜く

玉を構成しない不要な太い枝は、全体のバランスを崩すので思い切って元から抜く。剪定バサミで切れないときはノコギリを使う。

3 刈り込んで玉をつくる

不要な枝をすべて抜いたら、刈り込みバサミの刃を下向きにして、玉の形に刈り込んでいく。玉の頂部は枝が強く伸びてくるので、低めに刈り込む。

35

プロの技！

切り残して枝をつくる

イヌツゲは萌芽力が強く、切り口から新しい芽が出てくるので、不要な枝は元から切り取って、余分な芽が出るのを防ぎます。ただし、枝が少なくなってしまったところでは、あえて切り残して、そこから新しい芽を伸ばすようにします。その際、芽が伸びたときにちょうどよい長さになるように、樹冠のラインよりも深めに切り戻します。

トリを形どったキンメツゲのトピアリー

刈り込みバサミの切り残し

④ 刈り込みバサミの切り残しで太いものは、ハサミで元から切り取る。切り残しをそのままにしておくと、そこから強い枝が伸びて樹形が乱れる。

剪定後

After ひとつひとつの玉がはっきりした。枝や葉が空いている部分も、すぐに新しい芽が伸びてくる。新しい芽が伸びたら、こまめに剪定を繰り返して、少しずつ樹形を整える。

木の姿と緑を楽しむ
●常緑高木 ●イヌツゲ

樹形を維持する剪定

剪定前

1 ラインから飛び出た枝を刈り込む
樹冠のラインから飛び出した枝を刈り込みバサミで刈って形を整える。

枯れた枝

2 枯れ枝を切り取る
枯れた枝は元から切り取って、日当たりと風通しのよい環境を心がける。

ふところ枝

3 ふところ枝を切り取る
幹の内部に出てくるふところ枝など、不要な枝を元から切り取る。

4 ひこばえを切り取る
株元から出てくるひこばえを元から切り取る。

モチノキ

モチノキ科　常緑高木

古くから親しまれている日本の代表的な庭木

大木の玉散らし

どんな木?

樹皮から「とりもち」をとったことが名の由来。クロガネモチ（P182）とともに古くから親しまれています。日陰や大気汚染にもよく耐えます。雌雄異株なので、実を楽しむなら雌株を植えます。

管理のコツ

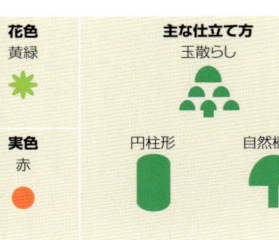

カイガラムシ、ハマキムシに注意します。カイガラムシの排泄物ですす病が発生するので、風通しのよい環境を心がけます。

花色　黄緑
実色　赤

主な仕立て方　玉散らし　円柱形　自然樹形

樹形と大きさ　3〜6m　半球形　2〜3m

剪定のコツ

● 放任しても自然樹形に整うが、10m以上の大木になる。自分で手入れをする場合は脚立が届く高さに維持しておく。
● 芽吹きがよく、強い剪定ができるので、玉散らしや円柱形の刈り込み仕立ても楽しめる。
● 仕立て直しをする場合は、幹から出る主要な横枝以外の小枝をすべて切り取り、新芽を吹かせて刈り込むことを2〜3年繰り返すと、見違えるほどよい形になる。

剪定カレンダー

12	11	10	9	8	7	6	5	4	3	2	1
	実							花			
剪定					剪定					剪定	

Before

剪定前

玉散らしに仕立てた株。枝が伸びて、形がくずれている。

玉散らしの仕立て直しを兼ねた剪定

1 刈り込みバサミで樹形を整える

上の玉から順に刈り込んでいく。不要な太い枝があれば、剪定バサミかノコギリであらかじめ抜いておく。玉の天端を水平にし、外に向かって落ちるように刈っていくと、きれいに仕上がる。

木の姿と緑を楽しむ ●常緑高木 ●モチノキ

剪定後

After それぞれの玉がはっきりした。日当りや風通しがよくなるので、病害虫の予防にもなる。

雌株を植えれば実も楽しめる

切り残し

2 切り残しを処理する
樹冠から飛び出ている刈り込みバサミの切り残しは、1本ずつ植木バサミで切り戻す。

3 不要な枝を取る
枝の込み合った部分や、周囲の枝に比べて太すぎる枝は、ハサミで切り戻すか元から切り取る。

4 幹吹き枝を切り取る
玉の部分以外の余計な幹吹き枝などを元から切り取る。

ソヨゴ

モチノキ科　常緑高木

日陰でも使える数少ない常緑高木

緑の葉と赤い実のコントラストが美しい

どんな木?

波状の葉がさらさらと風にそよぐ涼しげな姿が人気。主に株立ちに仕立てて楽しみます。和風にも洋風にも楽しめ、落葉樹中心の雑木の庭にもよく合います。秋に赤い実を楽しむこともできます。

管理のコツ

水はけ、日当たりのよい場所を好みますが、日陰にも耐えます。乾燥には弱い傾向があります。

主な仕立て方
株立ち　自然樹形

樹形と大きさ
2.5〜3.5m　広円錐形　1〜1.5m

実色　赤
花色　白

剪定のコツ

● 長い枝や太い枝を短く切り戻して、幹から細い枝がさらっと出ているようにする。
● 株立ちでは株全体で一つの樹冠をつくるのではなく、長短数本の幹が株元から立ち上がる姿を見せる。
● 株立ちでは葉を透かしてできるだけ幹を見せるようにする。

剪定カレンダー

12	11	10	9	8	7	6	5	4	3	2	1
実						花					
							花芽分化				
			剪定								

Before

全体にこんもりとした樹形で、株立ちの魅力が損なわれている。上下のバランスが悪く、下部に対して上部が重すぎる。

剪定前

太い枝や長い枝を短く切り戻す

太い枝、長い枝を短く切り戻して、幹から細い枝がさらさら出ているように見せる。

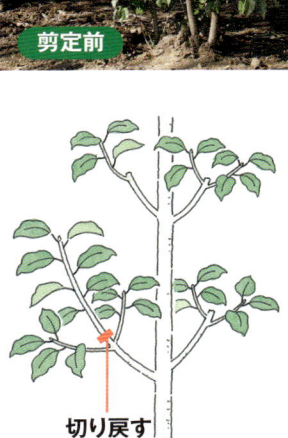

切り戻す

株立ちの姿を整える剪定

だいぶ幹が見えるようになった。1本1本の幹の立ち上がる姿が見えることが重要。

After

剪定後

カクレミノ

ウコギ科　常緑高木

日陰に強く、茶庭など和風庭園で好まれる。洋風にも楽しめる

個性的な葉を楽しむ

どんな木？
切れ込みのある葉が名の由来ですが、木が古くなると葉が切れ込まなくなります。葉が古くなると、黄葉、紅葉して葉を落とします。すっきりとした木姿を楽しみます。

管理のコツ
日陰でも育ちますが、水はけのよい場所に植えます。木が若いうちは移植もできます。

主な仕立て方　自然樹形
樹形と大きさ　円柱形　1.5〜2.5m　1〜1.5m
実色　黒
花色　緑

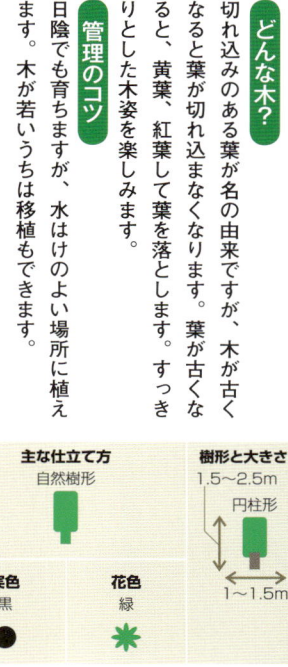

剪定のコツ
● 木が若いうちは小枝を透かす程度にする。
● 高さを押さえたいときは、好みの位置でぶつ切りする。切ったところから芽が出てくるので、芽の有無は気にしなくてよい。
● 下葉が減ってさみしい場合は、切り戻して新しい芽を吹かせるようにする。

剪定カレンダー

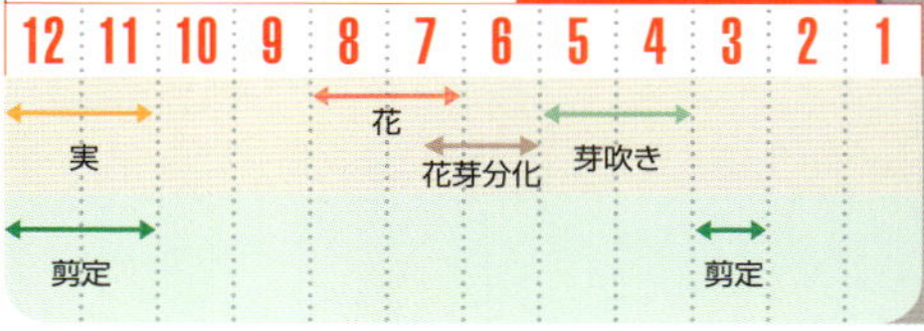

12	11	10	9	8	7	6	5	4	3	2	1
実				花芽分化	花		芽吹き				
剪定										剪定	

木の姿と緑を楽しむ
● 常緑高木　● ソヨゴ／カクレミノ

やや上部が重たい印象。木が若く、まだ高さがないので、葉をすかす程度にする。

剪定前

自然樹形を生かした剪定

1 小枝を透かす
放射状に出ている葉のうち数本を元から切って、葉の数を間引く。

小枝を透かす

2 切り戻して高さを調整する
木が成長して高さを押さえたい場合は、好みの高さでぶつ切りする。切ったところから芽が出てくる。

切り戻す

カシ類（アラカシ、シラカシ）

ブナ科　常緑高木

株立ちの棒ガシ仕立てや生け垣に好まれる

アラカシの葉と若い実

どんな木?

関東地方では葉色の明るいシラカシが好まれますが、関西地方ではアラカシが生け垣によく使われます。株立ちを造形的に仕立てた「棒ガシ」は、常緑樹ながら落葉樹の雑木のようなさらりとした木姿が楽しめます。

管理のコツ

日当たりを好みますが、日陰でも生育します。細根があまり出ないので、移植は避けます。病害虫には強い樹種です。

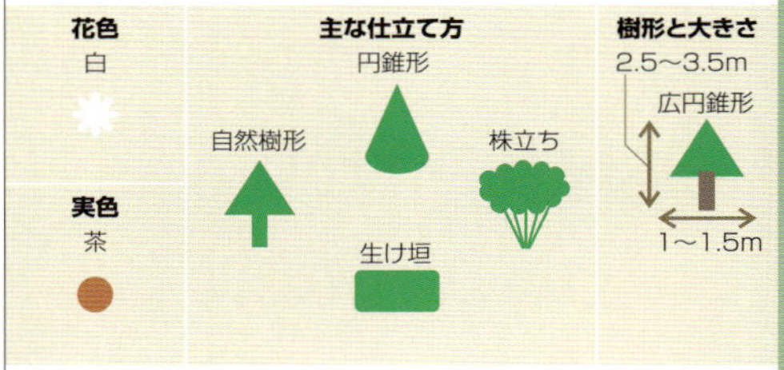

花色	主な仕立て方	樹形と大きさ
白	円錐形／自然樹形／株立ち／生け垣	2.5〜3.5m　広円錐形　1〜1.5m
実色 茶		

剪定のコツ

● 棒ガシにするときは、若木のうちに樹形をつくるようにする。太すぎる枝や長すぎる枝を切り戻して小枝を残し、幹から直接小さな枝が出ているように見せる。枝や葉の数を減らして幹肌を見せる。ソヨゴ（P40）やタケ（P93）なども同様の仕立て方ができる。

● 生け垣（剪定の方法はP26〜28参照）の場合はこまめに刈り込んで内部が蒸れないようにする。

剪定カレンダー

12	11	10	9	8	7	6	5	4	3	2	1
		実						花			
剪定			剪定	刈り込み				刈り込み			

Before

剪定前

アラカシの若木。棒ガシに仕立てる場合は、できるだけ木が若いうちに樹形をつくるようにする。

アラカシの棒ガシ仕立て

1 太い脇枝を切り取る

太すぎる脇枝をノコギリで元から抜く。

Part3 人気の庭木・花木の剪定

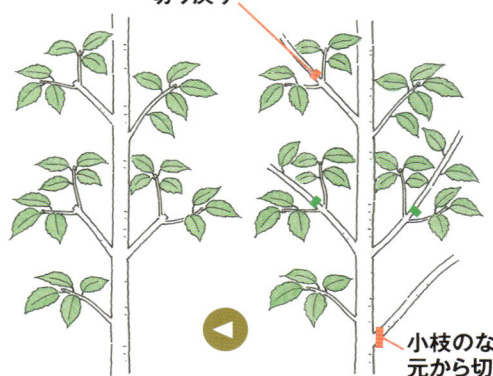

木の姿と緑を楽しむ ● 常緑高木 ● カシ類

小枝のあるところで切り戻す

小枝のない脇枝は元から切り取る

After 剪定後

それぞれの幹が棒状に整い、幹肌がよく見えるようになった。

剪定の2か月後。新芽が伸び出しているので、剪定を繰り返して、さらりとした樹形を維持する。

2 小枝のない脇枝を切り取る

小枝のない太い脇枝を元から切り取る。

3 脇枝を切り戻す

小枝がついている脇枝は、小枝を残すようにして短く切り戻す。

ゲッケイジュ

モクセイ科　常緑高木

香りのある葉を乾燥させて料理にも利用できる

ハーブになる常緑の葉と春の花

どんな木?

古代ギリシャ、ローマで、ゲッケイジュの小枝や葉を編んだ月桂冠を勝利や栄誉の印として将軍や詩人、勝者に与えました。ローリエとも呼ばれ、乾燥させた葉を料理に利用します。

管理のコツ

日当たりを好み、乾燥したところでもよく育ちます。カイガラムシが発生しやすいので、歯ブラシなどでこそげ落とすか、寒期に薬剤を散布します。

花色 黄
実色 紫

主な仕立て方
スタンダード / 円柱形 / 自然樹形 / 生け垣

樹形と大きさ
卵形　3〜5m / 1〜1.8m

剪定のコツ

- 枝が勢いよく伸び出して樹高が高くなりすぎるので、切り戻して高さを抑えるようにする。
- 幹の途中から立ち枝が出やすいので適宜切り取る。
- 大きくなりすぎた場合は株元から切り戻し、ひこばえを伸ばして幹を更新する。
- 萌芽力が強いので、刈り込み仕立てにしてもよい。

剪定カレンダー

12	11	10	9	8	7	6	5	4	3	2	1
		実						花			
剪定				剪定			剪定				

Before

剪定前

強い枝が勢いよく伸び出して、高くなりすぎている。樹形もはっきりせず、重い印象。

円柱形に樹形を整える

1 高さを決める

樹冠から飛び出している枝を深めに切り戻す。

木の姿と緑を楽しむ
● 常緑高木 ● ゲッケイジュ

2 長すぎる横枝を切り戻す
樹冠から横に飛び出している枝も、深めに切り戻す。

3 細かい枝を切り戻す
太い枝を切り戻したら、細かい枝もラインに沿って切り戻す。

4 不要な枝を切り取る
立ち枝やふところ枝、内向枝（返り枝）など、不要な枝を元から切り取る。

> **プロの技!**
>
> ### 切り戻しで新しい枝をつくる 
>
> 枝や葉が少なく、空間が空いてしまったところは、芽の上で枝を切り戻して萌芽をうながし、新しい枝をつくります。

珍しい斑入りタイプ

5 ひこばえを切り取る

ひこばえを元から切り取る。株立ちや幹の更新をする場合は、ひこばえを伸ばすようにする。

After

樹形が円柱形に整った。内部の不要な枝を取り除くことで、樹冠のラインがよりはっきりする。

剪定後

剪定の2か月後。切り戻したところから新しい芽が出ている。

Part3 人気の庭木・花木の剪定

ユズリハ

ユズリハ科 / 常緑高木

新しい葉が出ると古い葉が落ちる縁起木

新しい葉が出ると古い葉が落ちる

どんな木?
和名の「譲葉」は、新しい葉が出ると古い葉が落ちることに由来します。縁起物として、お正月にダイダイとともに葉を飾る習慣があります。雌雄異株。耐寒性がないので、寒冷地ではエゾユズリハが植えられます。

管理のコツ
やや湿り気のある有機質に富んだ土壌を好みます。寒冷地では防寒が必要です。

剪定のコツ
- 萌芽力が弱いので、強い剪定や刈り込みはしない。放任してもさほど株が暴れないので、込み合った枝や葉を透かす程度にする。
- 葉のつきが悪い古い枝は、切り取って新しい枝に更新する。

主な仕立て方: 自然樹形
樹形と大きさ: 半球形 3～4m / 2～3m
実色: 黒紫
花色: 緑黄・赤紫

剪定カレンダー
12	11	10	9	8	7	6	5	4	3	2	1
			実			花					
				剪定							

木の姿と緑を楽しむ
● 常緑高木　● ゲッケイジュ／ユズリハ

樹形を整える透かし剪定

剪定前: さほど樹形は乱れていないが、葉が密にしげって重たい印象。

1 古い枝を更新する
葉のつきが悪い古い枝は、新しい枝のあるところで切り戻して、枝を更新する。

（古い枝／新しい枝）

2 飛び出した枝を切り取る
横に飛び出すなど流れの悪い枝は元から切り取る。

（横に飛び出している枝）

3 枝を間引く
1か所から4～5本の枝が出ているところは、間引いて2～3本にする。

オリーブ

モクセイ科　常緑高木

明るい葉色が洋風の庭のシンボルツリーとして好まれる

明るいシルバーリーフが庭を明るい雰囲気にする

どんな木?

地中海沿岸原産で、葉表が灰緑色、葉裏が明るい銀白色で、洋風の庭によく合います。果実を収穫するなら、'マンザニロ'という品種がおすすめです。別品種と植えると実つきがよくなります。

管理のコツ

日当たりと水はけのよい場所で乾燥気味に育てます。植えつけや移植は寒期を避けます。鉢植えでもよく育ちます。

花色　白
実色　黒

主な仕立て方　スタンダード／自然樹形

樹形と大きさ　半球形　2～3.5m　1.5～2.5m

剪定のコツ

- 枝先や幹の途中から細かい枝が出やすいので、不要な枝をこまめに切り取る。
- 徒長した枝は元から切り取る。
- 勢いよく伸びる新しい枝を切り戻して、締まった樹形づくりを心がける。
- 刈り込んでかっちり仕立ててもよいが、横に広がる暴れ気味の性質を生かして自然風に仕立てると味わいがある。

剪定カレンダー

12	11	10	9	8	7	6	5	4	3	2	1
			実	実			花	花			
		剪定	剪定	剪定			剪定	剪定	剪定		

Before

剪定前

新しい枝が勢いよく伸び出している。株の内部が密になっている。

自然風の樹形を整える剪定

1 交差枝を間引く

枝が交差しているところは、どちらか一方の枝を元から切り取る。

木の姿と緑を楽しむ ● 常緑高木 ● オリーブ

5 細かい枝を切り戻す
細かい枝も樹冠のラインに沿って芽の上で切り戻す。

剪定後

After 高さがそろい、不要な枝を整理したことで株の内部が軽くなった。

2 立ち枝を切り取る
垂直に立ち上がる流れの悪い枝は元から切り取る。

3 内向枝を整理する
株の内側に向かって伸びる枝を元から切り取る。

4 高さを調整する
勢いよく伸び出した新しい枝を仕立てたい高さで切り戻す。

シマトネリコ

モクセイ科　常緑高木

涼しげな葉と木姿が観葉植物としても人気

Before

さほど枝葉が密にしげっていないが、もう少し透かして軽やかな印象にしたい。

剪定前

雑木風の株立ちの透かし剪定

1 枯れ枝を切り取る

枯れた枝は元から切り取る。

枯れた枝

繊細な枝ぶりと細かい葉が人気

どんな木？

羽状の明るい緑の葉が涼しげな印象です。庭木や観葉植物として、近年人気が高まっています。庭木の場合は、雑木風の株立ちが好まれます。

管理のコツ

丈夫で育てやすく、ほとんど手間がかかりません。日陰、潮風に強く、暖地に向きます。観葉植物として鉢で育てる場合は、水切れに注意します。病害虫はほとんど発生しません。

花色	主な仕立て方	樹形と大きさ
白	株立ち　自然樹形	2.5〜3.5m 倒卵形
実色		
白		1.5〜2.5m

剪定のコツ

● 下枝を切り取り、繊細な幹のラインを見せるようにする。
● 適度に枝を透かして軽やかな印象を保つ。
● 白い小花や実が垂れ下がってつくが、花や実よりも木姿を優先して剪定する。

剪定カレンダー

12	11	10	9	8	7	6	5	4	3	2	1
←　実　→						←　花　→					
			←剪定→						←剪定→		

Part3 人気の庭木・花木の剪定

木の姿と緑を楽しむ ● 常緑高木 ● シマトネリコ

3 仕上げの剪定

全体のバランスを見て、枝や葉が密なところは、2で対生にした枝のどちらか一方をさらに切り取って透かす。

After

樹形は変わらないが、内部を透かしたことで幹肌がよく見え、涼しげな印象になった。

剪定後

2 枝を間引く

1か所から複数の枝が出ているところは、太さや長さのそろった枝が2又になるようにする。

プロの技!

切りたてに見せない剪定

初心者が剪定をする場合、怖がらずに思い切って剪定したほうがよいのですが、できるだけ切りたてに見えないように心がけましょう。不要な枝は元から切り取って中途半端な切り残しをしない、残す枝の太さや長さがそろうように間引く、などが自然に見せる剪定のコツです。仕上げでは、全体のバランスを見ながら透かし具合を判断します。

モッコク

ツバキ科　常緑高木

和風庭園を代表する庭木。秋に赤い実も楽しめる

秋の赤い実も美しい

どんな木?

若木のうちから風格があり、和風庭園の主役として、モチノキとともに「庭木の王様」と呼ばれます。印象は地味ですが、秋に赤い実が楽しめます。葉色の明るい斑入り種もあります。

管理のコツ

ハマキムシの被害が多いので、春に殺虫剤を散布します。カイガラムシによるすす病も発生しやすいので、風通しと水はけのよい環境を心がけます。

剪定のコツ

● 放任してもさほど暴れないが、枝や葉が密生するので、細かく手入れをして風格を保つ。
● 小枝の途中から芽が出にくいので、刈り込み剪定は避けたほうがよい。
● ハサミで横枝を二又にする剪定を丁寧に繰り返して樹形を整える。
● 幹吹きや内向枝など不要な枝は元から切り取る。

花色
白

実色
赤

主な仕立て方
円錐形　円柱形　玉散らし　自然樹形

樹形と大きさ
2〜4m　半球形　1〜2.5m

剪定カレンダー

12	11	10	9	8	7	6	5	4	3	2	1
		実	実		花	花					
剪定	剪定			剪定	剪定						

Before

剪定前

枝や葉がしげり、全体的にだらしのない印象。

切り戻しと透かしで樹形を整える

1 長い枝を切り戻す

樹冠のラインから飛び出している長くて古い枝を深めに切り戻す。

木の姿と緑を楽しむ ● 常緑高木 ● モッコク

2 新しい枝を切り戻す

1と同様に、ラインから飛び出ている勢いのある新しい枝を芽の上で深めに切り戻す。

4 内向枝を切り取る

株の内側に向かう枝など不要な枝を切り取る。

5 ふところ枝を整理する

幹に近い内部のふところ枝を元から切り取る。ただし、枝葉が少なくなっている場合は残す。

3 横枝を間引いて二又にする

1か所から5〜6本の枝が出ている横枝は、中央の強い枝や上向きの枝を間引いて、外向きの枝を2〜3本残す。

After

枝や葉を透かしたことで樹冠のラインがはっきりし、引き締まった印象になった。

剪定後

プロの技!

横枝を二又に間引く

モッコクは、手間はかかりますが、横枝を間引いて二又にする細かい剪定を繰り返すことで、品のある風格を醸し出すことができます。枝先に5〜6本の新梢が出たら、上に向かう枝や中央の強い枝を元から間引いて、外向きの枝を2〜3本残します。

アオキ

ミズキ科　常緑中低木

光沢のある葉を観賞するおなじみの庭木。明るい斑入り種も人気

黄色の斑入り種

どんな木？

日陰に強く、丈夫で育てやすい貴重な庭木です。最近は日陰の庭を明るくする覆輪種や黄斑の品種も人気です。雌雄異株で、雌株は晩秋から冬にかけて赤い実が楽しめます。

管理のコツ

有機質に富む湿り気のある場所を好みます。日陰に強いですが、あまり暗いと間延びします。斑入り種は強光で葉焼けしやすいので、植え場所に注意します。

花色 紫褐色 ✱
実色 赤 ●

主な仕立て方　玉づくり　自然樹形

樹形と大きさ　1〜1.5m　低卵形　0.8〜1m

剪定のコツ

●放任すると太い枝が立ち上がって伸びてくるので切り戻す。
●枝先が3〜4本に分枝するので、強すぎる枝や内側に向かって伸びる枝を間引いてすっきりさせる。
●実を観賞するときは、枝先の葉を間引いて実がきれいに見えるようにするとよい。

剪定カレンダー

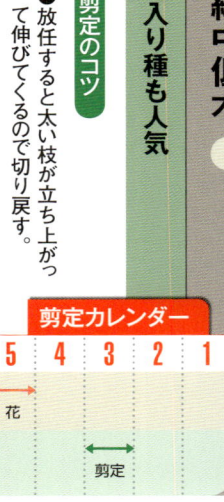

1	2	3	4	5	6	7	8	9	10	11	12
										実	実
				花	花						
		剪定	剪定							剪定	剪定

Before

剪定前

太い枝が勢いよく立ち上がって、樹形が乱れている。

切り戻して玉づくりにする

1 立ち上がった枝を切り戻す

立ち上がった強い枝は、樹冠よりも深めに芽の上で切り戻す。

Part3 人気の庭木・花木の剪定

木の姿と緑を楽しむ ● 常緑中低木 ● アオキ

5 株元を整える
垂れ下がっている枝は元から切り戻す。玉づくりのような仕立ての場合は、すそのラインもきれいに見せる。

After

剪定後

樹冠のライン通りにボール状になった。枝や葉の少ないところは、枝を伸ばして少しずつ形を整える。

プロの技！
内部の短い枝を透かす

株の内部をよく見ると、樹冠のラインに達していない短くて弱々しい枝があります。このような枝は枯れ込むことも多いので、元から切り取るようにします。内部の不要な枝を透かすことで、樹冠のラインが際立って見える効果もあります。

込み合った部分の太い枝

2 太すぎる枝を元から切り取る
株元が込み合っていたら、太くて流れの悪い枝を元から切り取る。

3 分枝した枝を間引く
枝が3～4本に分かれているところは、太すぎる枝を1～2本間引く。

4 枝先を軽く切り戻す
枝先を軽く剪定して、樹冠のラインを整える。

カナメモチ

バラ科 / 常緑中低木

赤い新芽を観賞。生け垣や目隠しとして重宝する

燃えるような赤い新芽が美しい

どんな木?

刈り込みに強いので生け垣などの仕立てものに向きます。新芽の色が鮮やかで、病害虫に強い'レッドロビン'が主に出回っています。初夏に咲く白い花や秋の実なども楽しめます。

管理のコツ

日当たりと水はけのよい場所を好み、日当たりが悪いと新芽の色が悪くなります。根が傷みやすいので、移植は避けたほうがよいでしょう。

剪定のコツ

- 生け垣の刈り込みについてはP.26〜28参照。
- 萌芽力があり、成長が早いので、夏と冬の年2回剪定をするとよい。
- 透かし剪定では、太すぎる枝や車枝を間引くようにする。
- 夏の剪定後に伸びた赤い新芽は秋まで楽しめる。

花色: 白
実色: 赤

主な仕立て方: 生け垣 / 円柱形 / スタンダード

樹形と大きさ: 1.5〜3m / 半球形 / 0.4〜1.2m

剪定カレンダー

12	11	10	9	8	7	6	5	4	3	2	1
	実					花		芽吹き			
剪定				剪定							

Before 剪定前

一列に植えた株。枝が伸びて、高さや前後のバランスが崩れ、木と木の境がなくなっている。それぞれを剪定して1本ごとの樹形をはっきりさせ、高さや列がそろうようにする。

列植した株の透かし剪定

1 飛び出した枝を切り戻す

前後、左右に飛び出している枝を深めに切り戻すか、不要なら元から切り取る。

Part3 人気の庭木・花木の剪定　56

木の姿と緑を楽しむ ● 常緑中低木 ● カナメモチ

5 高さをそろえる
樹冠のラインより飛び出している枝は、ラインよりも深めに切り戻して高さをそろえる。

剪定後

After 1本ずつの樹形がはっきりし、高さや前後左右のバランスも整った。目隠しの場合は、透かしすぎないようにする。

プロの技！
ふところ枝を残して枝をつくる

幹から直接吹く「ふところ枝」は忌み枝と言われ、枯れ込みやすいので切り取ってしまうことが多いですが、ふところ枝を生かして新しい枝をつくることもできます。写真のように枝のない場所では、ふところ枝を伸ばして隙間を埋めるようにします。

2 太すぎる枝を抜く
太くてバランスの悪い枝

バランスや流れの悪い太すぎる枝を元から切り取る。

3 車枝の太い枝を抜く
太い枝

カナメモチは一か所から複数の枝が放射状に伸びる車枝が多いので、ほかの枝よりも太い枝を間引いて、枝の太さを均一にする。

4 内向枝を間引く
樹形の内側に向かって伸びる枝（内向枝）も間引く。

シャリンバイ

刈り込みに強く、生け垣などの仕立ても楽しめる

バラ科　常緑中低木

秋に黒紫色の実がなる

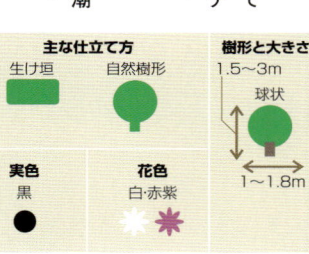

どんな木？

潮に強く、海沿いの地域の庭木や緑化樹としてもよく用いられています。奄美大島ではテーチキと呼ばれ、大島紬の染料として使われます。花や実も楽しめます。

管理のコツ

日当たりと水はけのよい環境を好みます。耐潮性はありますが、耐寒性はあまりありません。成木は移植をしないほうがよいでしょう。

主な仕立て方
生け垣　自然樹形

樹形と大きさ
1.5〜3m　球状　1〜1.8m

実色
黒

花色
白・赤紫

剪定のコツ

- 生け垣の剪定はP.26〜28参照。
- 夏以降に刈り込み剪定をすると花が咲かないので、花や実も楽しみたい場合は、花後すぐに剪定をし、その後の剪定はごく軽く行う。
- 木姿を重視する場合は、秋から開花前までに剪定を行ってもよい。

剪定カレンダー

12	11	10	9	8	7	6	5	4	3	2	1
	実					花					
剪定				花後の剪定					剪定		

自然樹形を生かした剪定

Before
強い枝が勢いよく伸びているので、切り戻して形を整える。

剪定前

1 強い枝を切り戻す
勢いよく伸びている枝を、樹冠のラインよりも深めに切り戻す。切る位置は芽の上。

2 弱い枝を切り取る
樹冠のラインに達していない弱々しい短い枝、枯れ枝などを元から切り取る。

内側の短い枝

After
樹冠に沿って枝先の長さをそろえて完成。きれいな扇形に整った。

剪定後

Part3 人気の庭木・花木の剪定

サカキ

神事にも用いられるおなじみの庭木

ツバキ科

常緑中高木

黄色い小さな花も咲く

どんな木?

光沢のある照葉が美しく、枝を神事に用いたり、玉串（たまぐし）として神前に供える習慣があります。神社の境内や生け垣にもよく植えられます。葉色の明るい園芸品種の斑入りサカキも人気です。

管理のコツ

日当たりのほか、日陰でも育ちます。耐潮性があるので、海岸沿いの地域でも楽しめます。

主な仕立て方
円柱形／生け垣／自然樹形

樹形と大きさ
2〜5m　広円錐形　1.5〜2m

実色　黒
花色　黄

剪定のコツ

萌芽力が強く、刈り込みによく耐えるので、生け垣などの仕立てものにも向く。生け垣の剪定はP26〜28参照。

放っておいてもあまり樹形は乱れないが、枝が広がってきたら、切り戻してコンパクトにする。

剪定カレンダー

12	11	10	9	8	7	6	5	4	3	2	1
実	実				花	花	花				
剪定	剪定			剪定	剪定				剪定	剪定	

木の姿と緑を楽しむ

- 常緑中低木
- シャリンバイ／サカキ

Before

剪定前

写真は斑入りのサカキ。枝が広がってやや樹形が乱れている。

長い枝を切り戻す

樹冠のラインから飛び出している枝を深めに切り戻す。切る位置は芽の上。

自然樹形を生かした剪定

After

剪定後

コンパクトな円錐形になった。真上から見たときに、樹形が正円になっているのが理想。

ナンテン

メギ科　常緑中低木

古くから縁起物として親しまれる。紅葉や赤い実も魅力

秋の紅葉や実も美しい

どんな木？

「難を転ずる（難転）」ことから、縁起物、魔除け、厄よけの木として庭前に植えられます。秋には紅葉も楽しめます。冬に熟す赤い果実は、鳥の好物で、果実が白いシロナンテンもあります。和風庭園でも、洋風の庭でも楽しめます。

管理のコツ

丈夫で育てやすく、耐寒性もあり、半日陰でもよく育ちます。病害虫にも強い性質を持ちます。

花色 白
実色 白、赤
主な仕立て方 株立ち
樹形と大きさ 1～1.5m　株立ち　0.5～1m

剪定のコツ

● 古くて太すぎる枝は、地際で切り戻して新しい枝に更新する。
● 新旧の枝が出ているところは、古い枝を切り取って、新しい枝を生かす。
● 込み合った枝葉を間引いて透かす。
● 株元をすっきり見せるために、離れたところに出てきた幹や中途半端に短い枝、枯れ枝などを切り取る。一か所から幹がまとまって出ているように見せる。

剪定カレンダー

1	2	3	4	5	6	7	8	9	10	11	12
									実	実	実
									紅葉	紅葉	
			花	花	花						
	剪定	剪定					剪定	剪定			

Before

剪定前

葉が茂って幹が見えないので、株立ちの美しさが損なわれている。全体に横に広がって、まとまりがない。

自然樹形を生かした剪定

1 親株から離れた幹を切り取る

ほうっておくと横に広がっていくので、親株から離れたところに出た幹を元から切り取る。

Part3 人気の庭木・花木の剪定

木の姿と緑を楽しむ ● 常緑中低木 ● ナンテン

4 新しい枝に更新する

新しい枝と古い枝が出ているところは、古い枝を間引いて、新しい枝に更新する。

古い枝 / 新しい枝

2 枯れ枝を切り取る

枯れた幹や枝を元から切り取る。

枯れた枝

5 高さを調整する

長すぎる枝を切り戻して、仕立てたい高さに調整する。枝葉が多いところは間引いてすっきりさせる。

短い枝

3 短い枝を切り取る

株元から生える中途半端に短い枝、弱々しい枝を元から切り取って、株元をすっきりさせる。

After

株の広がりをおさえ、足元を整理したことで、幹のラインが見えるようになった。

剪定後

プロの技！

すらりとした立ち姿を味わう

ナンテンのように株立ちの樹形を楽しむものは、足元をすっきりさせて、繊細なラインの立ち姿を楽しみます。また、葉の位置に高低差をつけて、リズムが出るようにします。

ヒペリカム

オトギリソウ科　常緑中低木

グラウンドカバーとして広く利用される。夏の黄色い花も魅力

夏にいっせいに黄色い花が咲くビヨウヤナギ

どんな木?

半常緑性で、グラウンドカバーとして利用されるカリキヌム、美しい花を楽しむキンシバイ、ビヨウヤナギなど、多くの品種があります。根がしっかりと張るので、土留めとしての効果もあります。

管理のコツ

一般的に半日陰でもよく育ちます。適度な湿り気を好みますが、水はけと風通しのよい環境を心がけます。

花色	主な仕立て方	樹形と大きさ
黄	自然樹形	0.5〜1m 扇形 0.5〜1m
実色 赤茶		

剪定のコツ

●細かい枝や枯れ枝、曲がった枝が発生しやすいので、こまめに切り取って風通しをよくする。
●花が咲かない古い枝は地際で切り取って新しい枝に更新する。
●枝が外側に枝垂れる性質があるので、外芽の上で切り戻して、伸びた枝がきれいな弧を描くようにする。
●春に伸びる新梢の先に花が咲くので、剪定時期を守れば、花芽の位置は気にしなくてよい。

剪定カレンダー

12	11	10	9	8	7	6	5	4	3	2	1
		←実→		←　花　→							
←　剪定　→									←　剪定		

Before

剪定前

写真はビヨウヤナギ。全体に日の当たる左方向に枝が流れ、樹形が乱れている。

自然な扇状に樹形を整える

1 太い枝、長い枝を整理する

太い枝

周りに比べて太すぎる枝を元から切り取る。長すぎる枝は切り戻す。

2 曲がった枝を切り取る

曲がった枝は樹形を乱すので元から切り取る。

Part3 人気の庭木・花木の剪定　62

木の姿と緑を楽しむ ● 常緑中低木 ● ヒペリカム

4 不要な枝を間引く

一か所から何本も枝が出ているところは、枝を間引く。芽や葉のついていない枝も切り取る。

After 扇状に樹形が整った。写真下は剪定の1か月半後。新芽が伸びて、こんもりとした扇状になっている。

3 流れの悪い枝を切り取る

立ち枝や下に向かって伸びる枝など、流れの悪い枝を元から切り取る。弧を描く枝を残して、樹形全体が扇状になるようにする。

プロの技！

外芽の上で切り戻す

枝の途中で切り戻すときは、外芽と内芽を確認します。内芽の上で切り戻すと、芽が内側に伸びて内向枝になってしまうので、一般には外芽の上で切り戻すようにします。写真の位置で切り戻すと、外芽が伸びて、きれいな弧を描く枝になります。

外芽 / 内芽

ヤツデ

ウコギ科 / 常緑中低木

日陰で育つ貴重な存在。手のひら状の大きな葉が特徴

斑入りタイプも人気。実の観賞価値も高い

どんな木？

「天狗の団扇（てんぐのうちわ）」と呼ばれる光沢のある大きな葉が特徴です。日陰の庭を明るくする白斑入りの種類もあります。冬から春にかけて、実を観賞することもできます。

管理のコツ

日陰の湿り気のある場所を好むので、日差しの強いところや乾燥する場所は避けます。北側の庭でもよく育ちます。

主な仕立て方：自然樹形 
樹形と大きさ：1〜1.8m、株立ち 1〜1.5m 
実色：黒紫
花色：白

剪定のコツ

- 古い葉や垂れ下がっている葉、下葉を間引いて幹を見せる。
- 芽や葉のない古い枝は元から切り取って、新しい枝に更新する。
- 1か所から枝が3本出ている場合は、中央の枝を間引く。
- 実も観賞する場合は切り取らずに残しておく。実をつけておくと、株の成長が抑えられる。

剪定カレンダー

12	11	10	9	8	7	6	5	4	3	2	1
花	花						実	実	実	花	花
				剪定	剪定	剪定					

自然樹形を生かした剪定

Before
葉が茂って暗く重たい印象。

剪定前

1 古い枝を切り取る
古くて太い枝、芽や葉のついていない枝を元から切り取って新しい枝に更新する。

新しい枝

2 下葉を整理する
下から1/3程度の葉を元から切り取って幹を見せる。

3 古い葉を切り取る
垂れ下がっている葉や変色した古い葉を元から切り取る。

After
古い枝や葉を整理して全体にすっきりした。株立ちの場合は幹を見せるようにする。

剪定後

Part3 人気の庭木・花木の剪定　64

アメリカイワナンテン

ツツジ科 / 常緑中低木

斑入り葉が美しいグラウンドカバープランツ

斑入り葉が美しい人気の'レインボー'

どんな木?

北アメリカのバージニアからジョージア、テネシーにかけて自生します。耐寒性があり、日陰でもよく育ちます。葉に黄色やピンク、白の斑が入る'レインボー'がよく出回ります。グラウンドカバープランツや木の株元に植える根締めとして利用されます。

管理のコツ

病害虫の心配はほとんどありません。

主な仕立て方
自然樹形

樹形と大きさ
0.6〜0.8m（扇形）
0.6〜0.8m

花色
白

剪定のコツ

- 強く伸び出した枝を切り戻す。
- 古い葉が汚くなりやすいので、茶色く変色した古い枝を地際で切り取り、新しい枝に更新する。
- 太すぎる枝を間引いて、全体に枝の太さのバランスを統一する。
- 花がらを早めに切り取って、株の消耗を防ぐ。

剪定カレンダー

12	11	10	9	8	7	6	5	4	3	2	1
				花	花						
	剪定	剪定									

自然樹形を生かした剪定

木の姿と緑を楽しむ ● 常緑中低木 ● ヤツデ／アメリカイワナンテン

Before
剪定前
木の足元を引き締める根締めとして植えられているが、強い枝が伸び出して暴れた印象。

1 長い枝を切り戻す
樹冠のラインから飛び出している長い枝を芽の上で切り戻す。

2 花がらをつむ
花がらの部分を切り取る。

3 古い枝を切り取る
茶色く変色した古い枝を元から切り取る。

After
剪定後
コンパクトな樹形にまとまった。

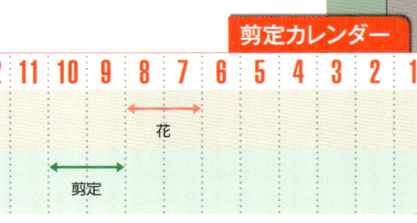

マツ（アカマツ、クロマツ）

マツ科

常緑針葉高木

日本庭園を代表する庭木。年2回必ず手入れをする

雄々しいクロマツ

どんな木？

幹が赤味を帯び、葉が細くやわらかい印象のアカマツは、女松とも呼ばれます。一方のクロマツは、黒褐色の幹が次第に亀甲模様に割れ、葉も太いことから、男松と呼ばれています。

管理のコツ

海岸地域に自生するので、日当たりのよい乾燥した場所を好みます。マツケムシが発生するので、見つけ次第捕殺するか、5月に薬剤を散布します。

葉色
緑

主な仕立て方
自然樹形／模様木

樹形と大きさ
広円錐形 2〜5m / 1.5〜3m

剪定のコツ

● 年2回の手入れを繰り返し、各枝を二又に維持する。
● 4月から5月にかけて新芽が3〜5本立ち上がるので、「ミドリ摘み」を行い、芽をかきとって左右の脇芽2本にする。
● 冬に透かし剪定を行い、夏に伸びた新しい枝を二又に整える。残した枝には、古い葉をしごく「もみあげ」をする。「もみあげ」を行うと、マツケムシが葉の間で越冬できないので、害虫の防除にもなる。

剪定カレンダー

1	2	3	4	5	6	7	8	9	10	11	12
			芽吹き								剪定もみあげ
			ミドリ摘み								

Before

剪定前

アカクロマツとアカマツの中間のアイアカマツ。何年も手入れをしていないので、樹形がだいぶ乱れている。

アカマツの荒れた樹形を整える

プロの技！ 上から作業する

剪定をするときは、基本的に木の上から作業をします。まず高さを決め、樹冠のラインにそって、太すぎる枝や長すぎる枝、不要な枝などを処理します。大まかなラインができたら、細い枝や葉を透かして仕上げをします。

Part3 人気の庭木・花木の剪定

木の姿と緑を楽しむ ●常緑針葉高木 ●マツ

3 車枝を間引く

1か所から車輪のように何本も枝が出ている場合は、不要な枝を元から切り取って1本にする。下から上までらせん状に枝が配置されているのが理想。

4 横枝を二又に透かす

太い枝や長すぎる枝、不要な枝を処理したら、各枝先が二又になるように透かしていく。

1 長すぎる枝を切り取る

樹冠のラインから飛び出している長い枝を元から切り取る（Ⓐ）。枝が少ない場合は、芽の上で切り戻してもよい（Ⓑ）。

✕ 太い枝を切り戻してはダメ

マツは切り戻したところから芽が出ないこともあるので、太い枝の途中をノコギリで切りすぎると、枯れてしまうことがある。

2 平行枝を間引く

枝が何本か平行に出ている場合は、不要な枝を元から切り取る。

5 もみあげをする

二又に剪定した枝の下の古葉を手でしごき、先端に7～8対の葉が残るようにする。この作業を「もみあげ」という。松ヤニが手につくので、作業をするときは軍手をしたほうがよい。

After

だいぶ樹形がはっきりした。これから年2回のミドリ摘みと剪定、もみあげを繰り返して、さらに樹形を整えていく。

剪定後

各枝を二又に透かし終わったところ。枝のラインがよく見えるようになった。

木の姿と緑を楽しむ
● 常緑針葉高木 ● マツ

クロマツのミドリ摘み

Before

作業前

新芽が伸びて樹形がくずれている。放置すると後の手入れが大変なので、新芽のうちに芽を摘んで（ミドリ摘み）樹形を整える。

新芽が三芽伸びている場合は、真ん中の強い芽（❶）を手でかきとり、左右の脇芽（❷）を残す。残した芽は長さがそろうように先端を手で折り取って短くする。

1 中央の芽をかき取る

真ん中の長い芽を手で元からかき取る。新芽が4～5本出ている場合も、左右に二芽残るように不要な芽を取り除く。

2 芽の先端を折る

残した芽の長さがそろうように手で先端を折り取る。

すべての新芽にミドリ摘みをしたところ。折ったところから新しい芽が吹き、締まった二又の枝ぶりになる。

After

作業後

プロの技！ アカマツのミドリ摘み

力強く男性的なクロマツは芽を短めに摘み取りますが、女性的なアカマツでは、クロマツよりも長めに芽を残して、しなやかな枝ぶりをつくります。

3本の新芽のうち真ん中の長い芽を手でかきとる。

残した芽の先端を折る。クロマツよりも長めに芽を残す。

トウヒ

マツ科 常緑針葉高木

葉色とクリスマスツリー形の樹形を楽しむ

どんな木?

葉が緑色のドイツトウヒのほかに、美しい銀青色のプンゲンストウヒ類も人気です。ドイツトウヒは成長が早く、プンゲンストウヒ類は若木の成長が遅いのが特徴です。クリスマスツリーのような円錐形になります。

管理のコツ

日当たりを好み、プンゲンストウヒ類は日当たりが悪いと葉色が悪くなります。夏にハダニが発生することがあります。

剪定のコツ

- 枝数が少ないので、さほど剪定の手間はかからない。
- ドイツトウヒは生長が早いので、高さを抑えたいときは芯を立て直す(P.29参照)。
- プンゲンストウヒ類は枝が込み合うと内部が枯れやすいので、枝が上下に重ならないように透かすようにする。

葉色: 緑／銀青色
主な仕立て方: 自然樹形
樹形と大きさ: 2〜5m / 1〜2m 広円錐形

ドイツトウヒ

Before
剪定前

しばらく手入れをしていないドイツトウヒ。左右のバランスが悪い。

樹形を円錐形に整える

1 強い枝を切り戻す

芯に対して強すぎる枝を樹冠のラインよりも深めに切り戻す。

剪定カレンダー

12	11	10	9	8	7	6	5	4	3	2	1
								芽吹き		
							芽摘み		剪定	

Part3 人気の庭木・花木の剪定

木の姿と緑を楽しむ　●常緑針葉高木　●トウヒ

5 小枝をすかす

細かい枝を切り戻して長さをそろえる。流れの悪い小枝も切り取って、バランスとボリュームを調整する。

6 株元を整理する

株元の力強い枝を円錐形の底辺とし、それよりも下にある枝を元から切り取って、足元をきれいに見せる。

左右のバランスが整った。枝が少ないところは、切り戻しを繰り返して分枝を促す。

After

剪定後

長い枝

2 長い枝を切り戻す

1と同様にラインから飛び出している枝を深めに切り戻す。

3 込み合った枝を間引く

枝が込み合っているところは、不要な枝を元から枝を切り取って内部にも光と風が通るようにする。

4 立ち枝を切り取る

上方向に立ち上がる立ち枝は流れが悪いので、元から切り取る。

サワラ

ヒノキ科　常緑針葉高木

さらりとした木姿を楽しむ。生け垣などにも重宝する

軽やかな葉を楽しむ

どんな木？
葉がうろこ状で、ヒノキによく似ていますが、庭木としてはヒノキよりも一般的です。刈り込みによく耐えるので、生け垣や刈り込み仕立てでも楽しめます。ヒノキよりも耐寒性があります。

管理のコツ
真夏に乾燥するとハダニが発生しやすいので注意します。風通しをよくして、内部の枝や葉が枯れ込まないようにします。

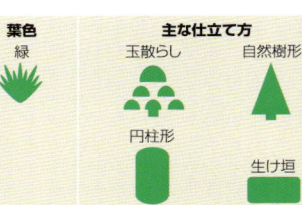

葉色	主な仕立て方	樹形と大きさ
緑	玉散らし／自然樹形／円柱形／生け垣	3〜5m 円錐形 1.5〜2.5m

剪定のコツ
● 生け垣の刈り込みはP26〜28参照。
● 自然樹形を生かす場合は、長すぎる枝や流れの悪い枝、枯れ枝などを元から切り取り、植木バサミで枝先が2枚になるようにていねいに透かしていく。
●「スギは幹を見せろ、サワラは幹を見せるな」と言われるように、透かした葉の間からさりげなく幹が見えるのが理想。ただし、目隠しの場合はあまり透かさない。

剪定カレンダー

12	11	10	9	8	7	6	5	4	3	2	1
								芽吹き			
	剪定									剪定	

Before

剪定前

全体にやや重たい印象。樹冠のラインから枝が飛び出してきれいな円錐形になっていない。

枝先を透かして樹形をつくる

1 長い枝を切り戻す
樹冠のラインから飛び出している長すぎる枝を深めに切り戻す。

Part3 人気の庭木・花木の剪定

木の姿と緑を楽しむ ● 常緑針葉高木 ● サワラ

After

樹形が円錐形に整い、葉の間からさりげなく幹が透けて見えるようになった。ここでは後方のマンションからの視線をさえぎる目隠しも兼ねているので、透かしすぎないようにする。

剪定後

2 平行枝を間引く

枝が何本も平行に出ている場合は、不要な枝を間引く。

平行枝

3 枝先を透かす

樹冠のラインにそって植木バサミで小枝を切り戻す。次に、先端に葉が2枚残るように下葉を取り除く。細かい作業なので、剪定バサミではなく植木バサミと手を使う。

① 長い枝を葉のあるところで切り戻す。

② 先端の葉2枚を残し、下葉を手でむしり取る。

③ 完成。羽のようにさらりとした風情に仕上げる。

イトヒバ

ヒノキ科 常緑針葉高木

糸のように枝垂れる鱗状の葉が魅力

黄色い葉が美しい'フィリレラ・オーレラ'

どんな木？
ヒヨクヒバとも呼ばれます。サワラ（P72〜73参照）の枝垂れ性品種で、その名の通り葉が細い糸のように垂れます。新梢は明るい黄金色をしています。成長が遅く、幹の芯がうねりながら立ち上がります。

管理のコツ
日当たりが悪いと葉色が悪くなります。寒肥として有機質または化成肥料をたっぷり施します。病害虫は心配いりません。

葉色	主な仕立て方	樹形と大きさ
緑／黄金色	自然樹形／生け垣／円柱形	広円錐形 2〜4m / 1.2〜2.5m

剪定のコツ
● 内部の古い葉が枯れやすいので、剪定する前に枝をゆすって枯れ葉をふるい落とす。
● 枝垂れた葉の間から幹が透けて見える程度に透かす。
● 枝が上から下へ連続して弧を描くようにする。さらに、枝先が3〜4本に分枝して扇状になるようにする。
● 葉のないところは切り戻せないので、こまめに透かして内部の小枝が枯れ込まないようにする。

剪定カレンダー

12	11	10	9	8	7	6	5	4	3	2	1
								芽吹き			
剪定											

樹形を円錐形に整える

Before
剪定前

枝が重なって重たい印象。内部に光が入らないと小枝が枯れやすくなる。樹形もはっきりしない。

1 強い枝を切り戻す
樹冠のラインから飛び出している強い枝を深めに切り戻す。

木の姿と緑を楽しむ ● 常緑針葉高木 ● イトヒバ

2 内部を透かす
内部の込み合った短い枝を元から切り取る。

4 一枝ごとに透かす
同じ太さの3～4本の枝が扇状に広がるように一枝ごとに透かしていく。

After
円錐形に樹形が整った。葉の間から幹や枝が透けて見える程度の透かし具合が理想。

剪定後

3 下り枝を切り取る
樹冠のラインに届かない下がった枝を元から切り取る。

コノテガシワ

ヒノキ科　常緑針葉高木

樹形が卵形にまとまる。トピアリー仕立ても楽しめる

庭木としておなじみのコニファー

どんな木？

扁平な葉が鱗状にしげります。葉が黄金色のオウゴンコノテガシワも人気です。成長が遅く、放置してもそれほど暴れないので、あまり手はかかりません。

管理のコツ

日当たりを好みます。寒さにあまり強くないので、北風が当たる場所は避けます。積雪量の多い地域では縄で枝をまとめて雪よけをします。真夏はハダニの発生に注意します。

葉色：緑／黄金色
主な仕立て方：自然樹形／トピアリー／生け垣
樹形と大きさ：卵形　2〜4m／1〜2m

剪定のコツ

- 放任しても卵形にまとまるので、強い剪定はしなくてよいが、葉張りが出すぎるとバランスが悪くなるので、横枝を抑え気味に切り戻し、透かし剪定で樹形を整える。
- 自然樹形のほか、生け垣やトピアリーなどの刈り込み仕立ても楽しめる。

剪定カレンダー

1	2	3	4	5	6	7	8	9	10	11	12
		芽吹き	芽吹き			剪定	剪定			剪定	剪定

Before 剪定前

卵形の輪郭線がややぼやけている。透かし剪定で卵形に整えていく。

透かし剪定で樹形を整える

1 強い枝を間引く

周囲の枝よりも強い真ん中の枝を元から切り取る。枝が重なっているところも間引いて透かす。残った枝の太さと長さが均一で、扇状に広がっているのが理想。

木の姿と緑を楽しむ ●常緑針葉高木 ●コノテガシワ

剪定後

After 卵形の樹形のラインがはっきりした。葉を透かすことで、中まで光と風が通るようになった。

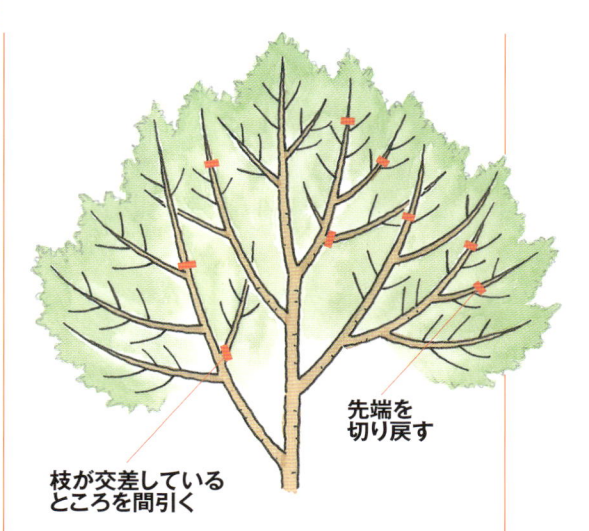

完成までに数年かかるが、刈り込んでスパイラルのトピアリーに仕立てることもできる。

卵形をアレンジした雪だるま形のトピアリー。

枝が交差しているところを間引く

先端を切り戻す

2 葉を切り戻す
葉の先端を細かく切り戻して植木バサミでラインを整える。

3 枯れ枝を整理する
枯れ込んだ枝を元から切り取って株元をすっきりさせる。

ニオイヒバ

ヒノキ科　常緑針葉高木

種類が多く、日本で育てやすいコニファー類

園芸品種が多く葉色もさまざま

どんな木?
コニファーとして販売される庭木のなかでも、日本の気候に適した種類です。ヒノキに似た葉は触れるとよい香りがします。品種が多く、緑葉の'エメラルド・グリーン'、新芽が黄色の'サンキスト'、'ヨーロッパゴールド'などが人気です。

管理のコツ
日陰と水はけの悪い場所では育ちません。刈り込みをした後は化成肥料を施します。

葉色: 緑／黄
主な仕立て方: 生け垣／自然樹形
樹形と大きさ: 狭円錐形　1.5〜5m／0.3〜1m

剪定のコツ
- 生け垣の刈り込みはP26〜28参照。夏の刈り込みは軽めにとどめる。
- 芯が2〜3本立つと寒冷地では雪の重みで折れたり傷んだりするので、1本にまとめて縛る。
- 高さを抑えたいときは芯を立て替える。
- 放任しても樹形がまとまるので、広いスペースがあるなら、大きく伸ばして軽い剪定をするだけでもよい。

剪定カレンダー
12	11	10	9	8	7	6	5	4	3	2	1
								芽吹き			
		刈り込み							剪定・刈り込み		

Before

剪定前

芯が3本立って樹形が乱れた'エメラルド・グリーン'。全体にやや重たい印象。

仕立て直しと透かし剪定

1 芯を1本にまとめる

芯にする幹を残して不要な幹を樹冠のラインに添って切り戻す。

① 幹が3本立ち上がっているので、真ん中の芯①を生かす。

Part3 人気の庭木・花木の剪定　78

木の姿と緑を楽しむ ● 常緑針葉高木 ● ニオイヒバ

3 枝を透かす
植木バサミで長すぎる枝を切り戻し、葉を透かしてボリュームを減らす。

4 株元を整理する
枯れ枝などを元から切り取って株元をきれいにする。

2 ❷を切り戻す

3 ❸を切り戻す

2 芯をまとめる
芯にした幹❶に、1で切り戻した幹❷、❸をまとめてシュロ縄などで縛る。

剪定後

After
芯を1本にまとめ、葉を透かすことで、ラインのはっきりした円錐形に整った。

79

芯を立て替えて高さを抑える

Before 樹形は整っているが、さらに高さを抑えたい場合は、芯を切り戻して立て替える。

剪定前

1 芯を切り戻す
好みの高さまで芯を切り戻す。

2 新しい芯を誘引する
1で切り戻した芯のすぐ脇にある充実した枝を新しい芯にする。新しい芯を幹に縛って真上に伸びるように誘引する。

将来芯にする枝

3 先端を整える
円錐形になるように芯の高さに合わせて全体を剪定して樹形を整える。

After 芯を立て替えたことで高さを抑えることができた。

剪定後

Part3 人気の庭木・花木の剪定　80

イトスギ

明るい葉色が人気。手間入らずのコニファー

ヒノキ科
常緑針葉高木

よく出回る'ゴールドクレスト'

どんな木?

よく出回る'ゴールドクレスト'もイトスギの仲間です。成長が早い。'ゴールドクレスト'以外は、それほど手がかかりません。

管理のコツ

日当たりを好み、酸性の土壌を嫌います。雨などのはね返りで下枝が枯れ込むので、砂利やバークなどではね返りを防止します。'ゴールドクレスト'は倒れやすいので支柱を立てます。

主な仕立て方
生け垣 / 自然樹形

葉色
緑、黄緑、黄

樹形と大きさ
狭円錐形　1.5〜3m / 0.4〜0.6m

剪定のコツ

● 高さを抑えたいときは芯を立て替える。やり方はP.29、80参照。
● 葉のないところまでは切り戻さない。内部の小枝が充実するようにこまめに手入れをする。
● 葉先を手で摘んで樹形を整えてもよい。

剪定カレンダー
12	11	10	9	8	7	6	5	4	3	2	1
								芽吹き			
	刈り込み						剪定・刈り込み				

木の姿と緑を楽しむ

● 常緑針葉高木
● ニオイヒバ／イトスギ

軽い剪定で樹形を整える

Before
樹形がやや乱れたアリゾナイトスギ。

剪定前

1 長い枝を切り戻す
円錐形の樹冠のラインから飛び出している枝を深めに切り戻す。

2 芯を1本にする
芯が2本立っている場合は、不要な芯を切り戻して1本にする。

3 小枝を透かす
樹冠にそって植木バサミで小枝を切り戻す。

After
円錐形の引きしまった樹形になった。株元の下枝が垂れていたら元から切り取って底辺をはっきりさせる。

キャラボク

イチイ科　常緑針葉中木

刈り込み仕立てに向く。ボリュームのある姿を楽しむ

オウゴンキャラボクの新芽

どんな木?

イチイ（P29参照）の変種で、夏から秋にかけて1cmほどの赤い実がなります。萌芽力が強く、刈り込みに強いので、生け垣や玉散らし、トピアリーなどの仕立てものに向きます。新芽が黄金色をしたキンキャラ（オウゴンキャラボク）も人気です。

管理のコツ

明るい半日陰を好みます。冬の刈り込み後に緩効性の化成肥料を施し、芽吹きを促します。

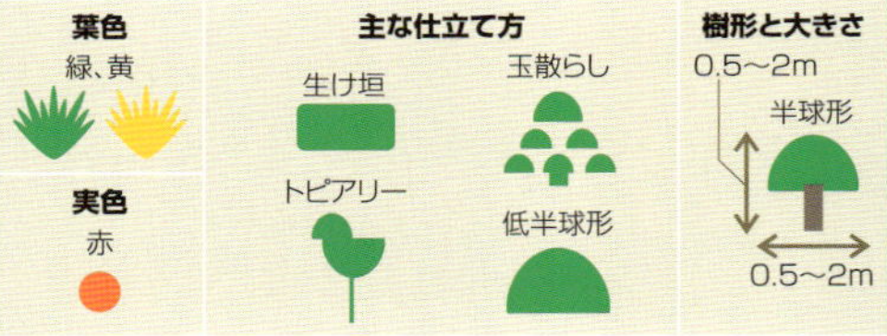

葉色 緑、黄
実色 赤

主な仕立て方: 生け垣 / トピアリー / 玉散らし / 低半球形

樹形と大きさ: 0.5〜2m　半球形　0.5〜2m

剪定のコツ

- 生け垣の刈り込みはP26〜28参照。
- 枝が横に広がるので、玉散らしの場合は、大きめの玉にしたほうが風格が出る。
- 浅い刈り込みを繰り返すと、小枝が間伸びして玉が厚くなり、株の内部に日が当たらなくなって中の枝が枯れてくるので、3年に1回くらい強く刈り込んで仕立て直す。
- 古い枝を刈り込むと芽が出ない場合があるので、毎年刈り込みを行う。

剪定カレンダー

12	11	10	9	8	7	6	5	4	3	2	1
								芽吹き			
刈り込み				刈り込み					仕立て直し刈り込み		

Before

剪定前

初夏の姿。芽が伸び出して玉と玉の間ははっきりしない。

玉散らしの刈り込み剪定

1 水平を決める

上の玉から作業する。はじめに玉の天端を刈り、高さと水平を決める。刈り込みバサミは刃を上向きにして使う。

2 側面を刈る

1で高さと水平が決まったら、それに合わせてバランスのよい玉になるように側面を刈っていく。刈り込みバサミの刃は上向きにする。

木の姿と緑を楽しむ ● 常緑針葉高木 ● キャラボク

5 竹ボウキで掃除する

切り枝や枯れ葉などを取り除く。表面をならすと、絡んだ枝やもぐり込んでいた枝が飛び出してくるので、植木バサミで切り戻して仕上げをする。

6 玉の完成

同様の要領で各玉をきれいに刈り込む。

After

各玉の形が整い、玉と玉の間もはっきりした。芽吹き前の剪定ではさらに強く刈り込んで玉をうすくする。

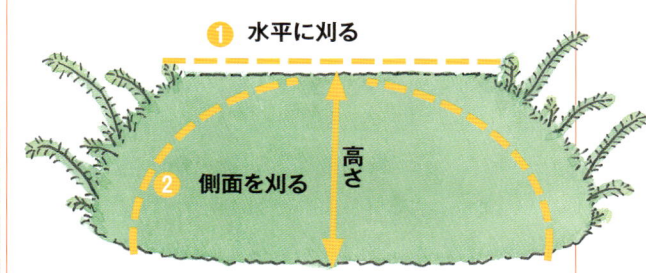

剪定後

① 水平に刈る
② 側面を刈る
高さ

3 底辺をそろえる

天端と側面の刈り込みが終わったら、植木バサミで底辺をそろえる。

切り残し

4 切り口の処理

切り口が飛び出しているところは、植木ばさみで深めに切り戻す。

コウヤマキ

スギ科

常緑針葉高木

日陰に強く、枝や葉が枯れにくい

枝先に個性的な線状の葉がつく

どんな木?

日陰に強く、美しい樹形と個性的な葉が好まれます。比較的成長が遅く、庭木として高級品扱いされています。真木（マキ）と称され、イヌマキ（P86〜87参照）の「イヌ」は「似て非なる」の意味。黄色い斑が入る園芸種も人気です。

管理のコツ

強い日差しと寒風を避けます。

葉色: 緑／黄
主な仕立て方: 円柱形／自然樹形
樹形と大きさ: 広円錐形 4〜7m / 1.5〜2.5m

剪定のコツ

- 枝先が二又になるように透かしていく。
- 株の内側の枝葉が枯れにくいので、厚くしたい場合は残してもよい。
- 芯が多く立ちやすいので早めに1本残して他は間引く。

剪定カレンダー

12	11	10	9	8	7	6	5	4	3	2	1
								芽吹き			
			剪定						剪定		

Before

剪定前

新しい枝が伸び出して樹形がはっきりしない。全体的に重たい印象。

透かし剪定で樹形を整える

1 長い枝を切り戻す

仕立てたい樹冠のラインから飛び出している長い枝を深めに切り戻す。

Part3 人気の庭木・花木の剪定

木の姿と緑を楽しむ ● 常緑針葉高木 ● コウヤマキ

4 ふところ枝を切り取る

幹のすぐ近くに出るふところ枝を切り取って、株の内部を透かす。内部を透かすと、樹冠のラインがはっきり浮き出てくる。

プロの技!

ふところ枝を意図的に残す

コウヤマキは日陰に強いので、ほかの庭木に比べて、株の内部の枝が枯れ込みにくい性質があります。そのため、厚みをもたせたいときや、将来枝を更新したいときは、ふところ枝を切り取らずに残しても構いません。

After

枝を透かしたことでラインがはっきりした。

剪定後

2 枝先を二又にする

枝先の中央の強い枝を間引いて、二又にする。

3 流れの悪い枝を切り戻す

内側に向かう枝などは、流れのよい枝があるところまで切り戻す。

イヌマキ

マキ科　常緑針葉高木

玉散らしや模様木など風格のある姿を楽しむ

硬質の葉や木姿に風格が漂う

どんな木?

材が固く、耐水性があるため、桶などにも利用されていました。刈り込みに強く、自然樹形では観賞価値が低いので、玉散らしや模様木、生け垣などに仕立てて楽しみます。ラカンマキも庭木として好まれます。

管理のコツ

病害虫はあまり発生しません。

剪定のコツ

- 玉散らしの刈り込みについてはP34〜38参照。
- 生け垣の刈り込みについてはP26〜28参照。
- 透かし剪定では、枝先が二又になるように透かしていく。
- 剪定だけで形が整わない場合は、シュロ縄などで誘引して枝ぶりをつくるとよい。

葉色 緑
実色 赤

主な仕立て方：生け垣／模様木／玉散らし

樹形と大きさ：3〜6m／半球形／1.5〜4m

剪定カレンダー

12	11	10	9	8	7	6	5	4	3	2	1
		芽吹き									
剪定					剪定					剪定	

Before

剪定前

玉散らしに仕立ててあるが、枝が上向きで形が悪い。枝が伸び出して玉の形もはっきりしない。

透かし剪定と誘引による仕立て直し

1 小枝を透かす

① **下り枝を元から切り取る**
下に向かって伸びる流れの悪い枝を元から切り取る。

Part3 人気の庭木・花木の剪定　86

常緑針葉高木 ● イヌマキ

木の姿と緑を楽しむ

プロの技！

誘引して枝ぶりをつくる

剪定だけで枝ぶりをつくるのは難しいので、上向きの枝を下げたり、間が抜けているところに枝を誘引して足して、好みの枝ぶりをつくってみましょう。イヌマキの枝はしなりがいいので、初心者にもおすすめです。誘引は下方の枝から行います。作業適期は冬期です。

① 枝にシュロ縄を結ぶ
誘引したい枝に、水に浸してやわらかくしたシュロ縄を結ぶ。

② 幹にシュロ縄をかける
①で枝に結んだシュロ縄を誘引したい方向の幹にかける。

③ 枝を誘引する
幹にかけたシュロ縄を引っ張って、枝を好みの角度や位置まで誘引する。写真の場合は、上向きの枝を下方向に誘引する。

② 枝先を二又にする
中央の枝を間引いて、枝先を二又にする。

間引く

間引く

87

3 不要な枝を抜く

誘引して上の玉を下げたことで、上下の玉がくっついてしまったので、下の玉を主枝ごと元から切り取る。

4 仕上げの切り戻し

長すぎる枝は芽の上で切り戻す。

After

枝を誘引したことで骨格が整った。透かし剪定で、各玉のラインもはっきりした。玉散らしの場合は、玉と玉の間に「間」があることが重要。

剪定後

④ 誘引終了

枝の返りも計算して、水平よりやや下まで枝を誘引して下げたら、シュロ縄を幹にしっかり結んで固定する。シュロ縄は1〜2年すると自然に切れるが結び目は切り取る。

誘引のコツ! 手でなじませながら誘引する

シュロ縄だけで勢いよく引っ張るのではなく、手で少しずつ枝を引いてなじませながら誘引する。

誘引のコツ! 力を分散させる

2〜3か所にシュロ縄を結んで誘引すると、1か所に力が集中しないので枝が傷まない。

アメリカハイネズ

ヒノキ科　常緑針葉低木

グラウンドカバーとして好まれる

グラウンドカバーに重宝する貴重な庭木

どんな木？
北アメリカ原産のほふく性のコニファーで、多くの園芸品種があります。庭のグラウンドカバーや、寄せ植えのコンテナガーデンの素材としてよく使われます。

管理のコツ
病害虫はほとんど発生しませんが、日当たりが悪いと枯れ枝が出るので、高木の陰にならない場所に植えるか、高木を剪定します。

主な仕立て方　グラウンドカバー

樹形と大きさ　0.2〜0.3m　ほふく形　0.5〜2m

葉色　青緑

剪定のコツ
● 放任すると枝が上に重なって内部が枯れ込んでくるので、こまめに透かして中まで日と風が入るようにする。
● コニファー類の葉色のよさは新葉に見られるので、長い枝はこまめに切り戻し、株元に新しい枝を出させる。

剪定カレンダー

12	11	10	9	8	7	6	5	4	3	2	1
								芽吹き			
	剪定									剪定	

木の姿と緑を楽しむ
● 常緑針葉高木／低木　● イヌマキ／アメリカハイネズ

透かし剪定で内部の枯れ込みを防ぐ

Before 剪定前

園芸品種の'ブルーラグ'。表面の枝や葉はきれいだが、内部が枯れ込んでいる。枝が地面まで伸びている。

1 表面の枝を切り戻す
中まで日と風が入るように、表面の長い枝を切り戻す。

2 枯れ枝を整理する
内部の枯れた枝葉や徒長した枝を切り取って透かす。

After 全体にコンパクトにうすくまとまった。

シュロ

ヤシ科　常緑・特殊な樹形

南国ムードが漂うヤシの仲間

放任せず古い葉や花がらは取り除く

どんな木?
ヤシの仲間の常緑高木で、日本原産のワジュロのほか、中国原産のトウジュロがあります。雌株は花穂状の黄色い花が楽しめます。幹は茶色の繊維が取り巻いています。8mほどの高木になりますが、成長が遅く、何年も樹高が変わりません。

管理のコツ
日当たりと水はけのよい場所を好みますが、幼木は日の当たらない場所のほうが育ちます。

花色	主な仕立て方	樹形と大きさ
黄	自然樹形	5〜8m ヤシ形 1.5m
実色 紫黒		

剪定のコツ
- 水平のラインより下がっている古い葉や枯れ葉、切り残しの葉柄、花がらなどを取り除く。
- 幹の途中でぶつ切りはしない。高くなりすぎてしまった場合は、切り倒して新しい株を植える。
- 幹をシュロ縄で巻き上げると姿が整う。
- 古い皮の繊維を幹からはぎ取り、幹を見せてもよい。

剪定カレンダー
12	11	10	9	8	7	6	5	4	3	2	1
		←実→				←　　花　　→					
								←剪定→			

Before
剪定前

古い葉や枯れ葉が見苦しく、幹の繊維もぼさぼさ。水平のラインよりも下がっている葉は取り除く。

葉の整理と仕立て直し

花がら

1　花がらを除く
古い花がらを手で引っ張って取り除く。

Part3 人気の庭木・花木の剪定

木の姿と緑を楽しむ ● 常緑・特殊な樹形 ● シュロ

4 幹を縛る
黒いシュロ縄を、下から等間隔に巻き上げて、幹の繊維を落ち着かせる。シュロ縄は水に浸してやわらかくしてから使う。

2 古い葉を切り取る
水平のラインよりも下がっている古い葉や枯れ葉を剪定バサミで元から切り取る。

3 切り残しを除く
前の剪定の切り残しの葉柄も手で引っ張って取り除く。

After

剪定後

葉と幹がきれいに整った。下の写真は剪定の2か月後。黄色い花が咲き始めている。

ソテツ

ソテツ科

常緑・特殊な樹形

独特の原始的な姿を楽しむ

古い葉を美しい葉に更新する

どんな木?
イチョウと並んでもっとも原始的な性質を持つ裸子植物です。雌花と雄花があり、シダのような形の葉を持ちます。庭木のほか盆栽としても楽しまれます。

管理のコツ
日当たりと水はけのよい場所を好みます。耐寒性がないので、暖地以外ではワラやコモを巻いて防寒します。

主な仕立て方　自然樹形

樹形と大きさ　1.5〜2.5m　ソテツ形　1.5〜2.5m

実色　赤　　**花色**　黄

剪定のコツ
● 新芽が出たら古い葉をすべて切り取る。
● 幹の途中でぶつ切りすると切り口近くに子株が生じるが、樹形の回復には時間がかかる。株元や幹から出る株を間引き、樹形を整える。

剪定カレンダー

12	11	10	9	8	7	6	5	4	3	2	1
実	実	実		花	花	新芽	新芽			実	実
					剪定	剪定					

古い葉を除いて新芽を観賞する

Before
新芽が伸び出した株。古い葉がところどころ傷んでいる。

剪定前

1 古い葉を切り取る
新芽のまわりの古い葉をすべて元から切り取る。

2 切り残しを整理する
葉のつけ根の切り残しを剪定バサミで元から切り取る。

After
剪定後 

古い葉をすべて取り除いたところ。写真左下は剪定の半月後。美しい新芽が伸び出している。

Part3 人気の庭木・花木の剪定　92

木の姿と緑を楽しむ ● 常緑・特殊な樹形 ● ソテツ／タケ

Before
2本のトウチク。高さと太さのバランスが悪い。

剪定前

芯止めと枝の整理

1 芯を止める
好みの高さの節の上で切る。手で折ってもよい。列植している場合は、同じ高さでそろえずに高低差をつけるとよい。

2 枝を切り戻す
2〜3節目のところで小枝を切り戻して玉をつくる。節のないところで切ってはだめ。

3 玉の完成
小枝を切り戻して玉にしたところ。

After
涼しげな姿に整った。2本以上あるときは高低、大小のメリハリをつけるとよい。

剪定後

タケ

イネ科 ／ 常緑・特殊な樹形

種類が多く、大きくならないものがおすすめ

明るい斑入りのスズコナリヒラ

どんな木？
和庭を代表する庭木で、美しい稈（かん）と葉を観賞します。庭植えには、ダイミョウチク、クロチク、シホウチク、トウチク、カンチクのようにあまり大きくならないものがおすすめです。

管理のコツ
日当たり、水はけ、水もちのよい場所を好みます。肥料は不要です。地下茎が広がりやすい種類は、地中に仕切りを入れておきます。

主な仕立て方: 生け垣／玉散らし／自然樹形
樹形と大きさ: 2〜6m タケ形 0.6〜1.8m
葉色: 黄／緑

剪定のコツ
- 放任すると大きくなるので、好みの高さで芯止めをする。
- 2〜3節のところで枝を切り戻して玉をつくる。
- 稈が古くなったら地際で切り戻して新しい稈に更新する。
- 4月に込み合った古い枝を間引いて透かす。

剪定カレンダー

12	11	10	9	8	7	6	5	4	3	2	1
							←タケノコ→				
				葉変わり							
←剪定→					←剪定（当年枝）→				剪定（前年枝の間引き）		

カエデ・モミジ

カエデ科　落葉高木

紅葉や新緑を観賞する日本を代表する庭木

イロハモミジの紅葉

どんな木？
種類が多く、日本産のものはイロハモミジ系とハウチワカエデ系が代表的です。葉が小さく深く切れ込むものをモミジ、葉が大きく切れ込みが浅いものをカエデということが多いようです。主に秋の紅葉を観賞しますが、新芽が赤い品種もあります。

管理のコツ
カミキリムシの被害を見つけたら専用の薬剤を注入します。

実色　茶

主な仕立て方　株立ち／自然樹形

樹形と大きさ　3〜5m　半球形　1.8〜4m

剪定のコツ
● 外に自然に広がる枝の流れを重視する。切り戻すときは流れを受けつぐ枝を残し、流れを止めないようにする。
● 自然な趣を出すために、枝の長短や太さに多少ばらつきがあってもよい。
● 夏に軽い剪定を行う。光が樹冠を透過してわずかに地上に届く程度の透け具合が理想。
● 太い幹や枝をぶつ切りにすると、切ったところから強い枝が伸び出して自然な樹形にならないので、透かし剪定を繰り返す。

剪定カレンダー
12	11	10	9	8	7	6	5	4	3	2	1
落葉	紅葉						新緑		芽吹き		
剪定				剪定							剪定

枝ぶりをつくる落葉期の透かし剪定

剪定前

Before
落葉して休眠中のイロハモミジ。枝ぶりがよく見えるので、残す枝、切る枝が判断しやすい。休眠中なら多少切りすぎても枯れることはないので、怖がらずに剪定する。

枯れた枝

1 枯れ枝を整理する
枯れ枝を元から切り取る。枯れた枝は白く変色しているのですぐに見分けがつく。

Part3 人気の花木・庭木の剪定

木の姿と緑を楽しむ ● 落葉高木 ● カエデ・モミジ

2 平行枝を間引く
枝が何本か平行に出ているところは、流れの悪い枝を元から切り取る。

平行枝

3 内向枝を間引く
株の内側に向かって伸びている枝は、不要なら元から切り取って間引く。

4 交差枝を間引く
枝と枝が交差しているところは、どちらか一方を元から切り取る。

5 車枝を間引く

一か所から複数の枝が出ているところは、流れの悪い枝を間引いて本数を減らす。写真のケースでは4本を2本に間引いた。切り口が残らないようにする。

6 込み合った枝を透かす

細い枝が込み合っているところは、不要な枝を切り取ったり、長い枝を切り戻して、ボリュームを減らす。

プロの技！

芽のすぐ上で切り戻す

枝を切り戻すときは、必ず芽のすぐ上で切り戻すようにします。芽のないところで切り戻すと、切り残しが見苦しいだけでなく、切り口から枯れ込んだりするので避けます。

芽

Part3 人気の花木・庭木の剪定　96

木の姿と緑を楽しむ ● 落葉高木 ● カエデ・モミジ

After 全体に透かして内部が軽くなった。

剪定後

プロの技!
小枝を手で折り取る

イロハモミジ系は細かい枝が出やすく、いずれ枯れてしまうことが多いので、適度に透かすようにします。細かい枝を1本ずつハサミで切るのは手間なので、手で折り取ると時間が短縮できます。

7 株元の枝を切り取る

株立ちの場合は足元をすっきり見せたいので、株元から出ている枝を元から切り取る。

プロの技!
夏の小枝透かしと徒長枝の切り戻し

落葉期に剪定をしても、夏になると葉がしげって、日当たりや風通しが悪くなってしまいます。そこで、込み合った小枝を間引いて透かしたり、徒長枝を切り戻すか元から切り取る軽めの剪定を行います。落葉期の強剪定と、夏期の弱い剪定を繰り返すと、いっそう樹形が整います。

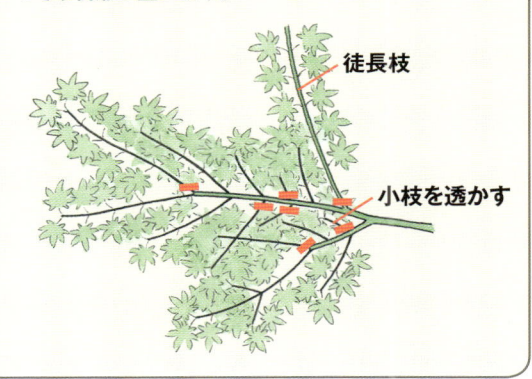

徒長枝
小枝を透かす

シダレモミジ

カエデ科 / 落葉高木

切れ込みの多い葉と美しい枝ぶりを観賞する

代表的な品種'イナバシダレ'は赤紫色の葉が特長

どんな木?
イロハモミジ系のヤマモミジの枝垂れ性品種で、幹がうねりながら立ち上がり、枝が美しい曲線を描いて枝垂れます。葉が細かく切れ込み、やわらかな印象です。背景に葉色の濃い常緑樹や高木を配したり、庭石などと組んで引き立たせます。

管理のコツ
カミキリムシに注意します。夏に株元にマルチングをして乾燥を防ぎます。

剪定のコツ
- 枝を間引く場合は、いったん上に伸びてから放射状にカーブを描く枝を残し、下向きの枝を切り取る。
- 芽の上で切り戻す場合は、上芽のすぐ上で切る。下方向に芽が伸びる下芽のところでは切り戻さない。
- 上段から下段にかけて樹形が広がっていくようにバランスを整える。
- つぎ木苗が多いので、台芽が出たらすぐに切り取る。

花色	主な仕立て方	樹形と大きさ
白	自然樹形	1〜3m 枝垂れ形 1〜2.5m

剪定カレンダー

12	11	10	9	8	7	6	5	4	3	2	1
落葉	紅葉							芽吹き			
剪定				剪定					剪定		

枝ぶりをつくる落葉期の透かし剪定

Before 剪定前

落葉して休眠中のシダレモミジ。下に対して上の枝数がやや多いので、枝の流れや芽をよく確認しながら透かす。

1 枯れ枝を切り取る

白く変色した枯れ枝を元から切り取る。

枯れた枝

Part3 人気の花木・庭木の剪定

木の姿と緑を楽しむ ● 落葉高木 ● シダレモミジ

3 込み合った枝を間引く

込み合った枝を間引く場合は、いったん上に上がって枝垂れる流れのよい枝を残し、下に向かって直線的に伸びる枝を元から切り取る。

2 交差枝を間引く

枝と枝が交差しているところは、どちらか一方を元から切り取る。写真のケースでは、下向きの流れの悪いほうの枝を切り取る。

芽や枝の選び方

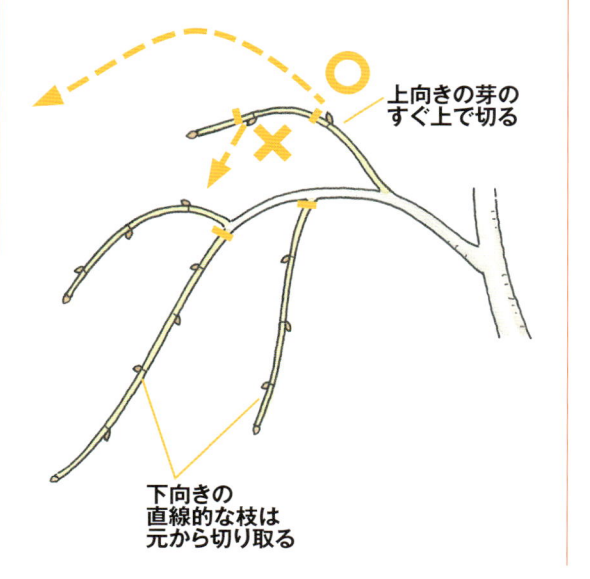

上向きの芽のすぐ上で切る

下向きの直線的な枝は元から切り取る

プロの技！
理想の樹形をイメージする

剪定によって美しい樹形をつくるためには、理想的な樹形を頭と体で覚えておく必要があります。シダレモミジの場合は、上段から下段に向けて、段々に枝が枝垂れて広がっていく樹形が理想的です。目標とする樹形がイメージできるようになれば、残す枝、切る枝も判断しやすくなります。

4 細かい枝を切り取る
カエデ・モミジ類は細かい小枝が出やすいので、元から切り取って透かす。

After 上部を透かしたことで全体のバランスがよくなった。下向きの枝を間引いたことで、枝ぶりも整った。

剪定後

シダレモミジをコンテナガーデンで楽しむ

Part3 人気の庭木・花木の剪定

アオダモ（コバノトネリコ）

モクセイ科　落葉高木

雑木風の庭を演出。バットの材料としても有名

マルバアオダモの葉と花

どんな木？
雨上がりに樹皮が青くなること、枝を切って水につけると水が青くなること、青い染料に利用されたことがその名の由来です。材質が堅く強い粘りがあるので、バットの材料としても利用されます。コバノトネリコとも呼ばれます。

管理のコツ
日当たりのよいやや湿り気のある場所を好みます。乾燥にもよく耐えます。

主な仕立て方　自然樹形

樹形と大きさ　球形　3〜6m　2〜4m

花色　白

剪定のコツ
- 放任すると枝が横に広がっていくので、横に伸びる枝を間引いてコンパクトに仕立て直す。
- 幹に対して枝の角度が30〜40度が理想。角度が広すぎる枝や狭すぎる枝は間引く対象にする。
- 枯れ枝、幹吹き枝などは元から切り取る。

剪定カレンダー
12	11	10	9	8	7	6	5	4	3	2	1
落葉				花芽分化			花				
剪定				剪定						剪定	

木の姿と緑を楽しむ
● 落葉高木
● シダレモミジ／アオダモ

強い枝が伸びて横に広がっている。

剪定前

自然樹形を整える夏の透かし剪定

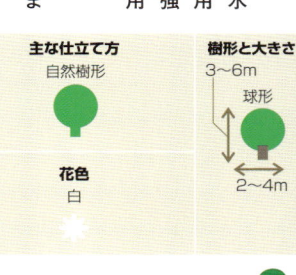

1 広がる枝を間引く
横に広がりすぎている枝を元から切り取る。

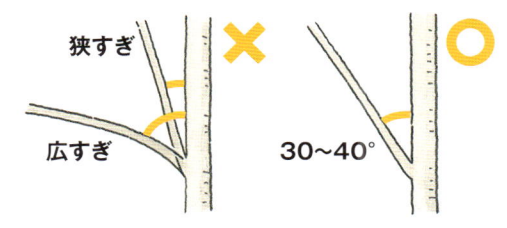

狭すぎ　×　広すぎ　○　30〜40°

2 込み合った枝を間引く
枝が込み合っている部分は間引いて透かす。

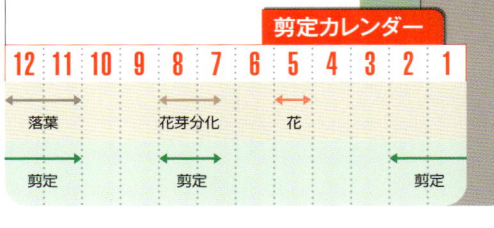

ナツバキ

ツバキ科　落葉高木

木姿、幹肌、花、紅葉が楽しめる万能な庭木

初夏の白い花も美しい

どんな木？

シャラノキとも呼ばれます。冬に赤みがかった幹の樹皮がはがれてできる斑模様が特徴で、夏に咲く白い一日花や秋の紅葉も楽しめます。花や葉が小ぶりなヒメシャラも人気です。

管理のコツ

ツバキ科なので、チャドクガの発生に注意します。乾燥に弱く、強い直射日光に当たると葉焼けをすることもあります。

主な仕立て方
株立ち／自然樹形

樹形と大きさ
3～5m　倒卵形　1.5～2.5m

花色　白
実色　茶

剪定のコツ

- 成長は早いが、放任しても樹形がひどく乱れたり、枝が絡んだりしないので、さほど手間はかからない。
- やわらかい自然な枝の流れを生かし、流れを止めるような切り戻しはしない。
- ナツバキ独特の枝の角度があり、45度前後が理想。それより広すぎる枝、狭すぎる枝は間引きの対象にする。
- 美しい木姿と幹肌が観賞できるように、株元をすっきりさせる。

剪定カレンダー

12	11	10	9	8	7	6	5	4	3	2	1
落葉	紅葉				花	花芽分化		芽吹き			
				剪定					剪定		

Before

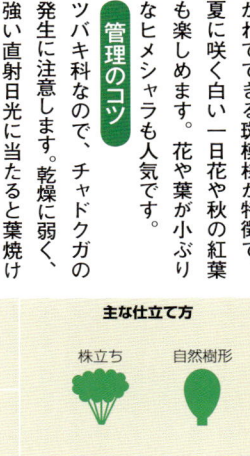

剪定前

落葉期の株立ちのナツバキ。休眠している間に透かし剪定をして樹形を整える。

株立ちの姿を整える透かし剪定

1 株元をすっきりさせる

すらりとした立ち姿と幹肌の美しさを見せるために、株元の細かい枝を元から切り取る。

木の姿と緑を楽しむ ● 落葉高木 ● ナツツバキ

3 流れの悪い枝を切り戻す

流れの悪い枝は切り戻すか切り取る。写真のケースは、先端の枝の流れが悪いので、流れのよい枝があるところまで切り戻す。

After 株立ちの姿がいっそうすっきりした。

剪定後

2 角度の悪い枝を間引く

枝の角度は45度が理想。狭すぎる枝や広すぎる枝は不要なら元から切り取る。

45°
角度の広すぎる枝

角度の狭い枝

プロの技!

枝の角度を45度にそろえる

間引きの対象になる不要な枝を選ぶ際、ナツツバキの場合は枝の角度にも注目します。45度前後が理想なので、それより広い枝、狭い枝は不要なら間引くようにします。

45°
45°

クヌギ

ブナ科　落葉高木

雑木風の自然な木姿と枝ぶりを味わう

ドングリがなる木としておなじみのクヌギ

どんな木?

公園や庭によく植えられ、雑木林風の自然な趣を楽しみます。ドングリがなる木としても親しまれています。同じブナ科のコナラは、剪定方法や管理ともクヌギと同じです。

管理のコツ

日当たりを好みます。実は短い枝につくので、充実した小枝を残すとドングリが楽しめます。

実色	主な仕立て方	樹形と大きさ
茶	自然樹形	倒卵形　3〜6m／2〜4m

剪定のコツ

- 1年に1m近く伸びるので、放任すると高さ10〜15mになる。芯を止めて手入れができる高さに維持する。
- 雑木らしい自然な趣を楽しむために、枝の自然な流れを重視する。太くて流れの悪い枝は切り戻して細い枝に更新する。ただし、枝の流れを止めるような切り戻しはしない。切り口がなるべく目立たないようにする。
- 幹から細い枝がすっと広がって伸びている樹形が理想。

剪定カレンダー

12	11	10	9	8	7	6	5	4	3	2	1
			←実→		←花芽分化→		←花→	←芽吹き→			
←剪定→				←軽い剪定→					←剪定→		

Before

剪定前

落葉して休眠中のクヌギ。ブナ科は葉がすべて落葉せず、一部残ることが多い。高くなりすぎると手入れが大変なので、透かし剪定とともに芯を止めて高さ抑えるようにする。

芯を止めて枝ぶりつくる剪定

1 芯を止める

① 芯を切り戻す
芯が伸び出しているので、手入れをしやすい高さまで切り戻す。

Part3 人気の庭木・花木の剪定

木の姿と緑を楽しむ
● 落葉高木 ● クヌギ

更新する枝

2 細い枝に更新する
太い枝は細い枝があるところまで切り戻して枝を更新する。

プロの技！
枝を更新して自然な流れを出す

自然な姿を観賞する雑木の剪定では、太い枝を切り戻して細い枝に更新することで、軽やかな枝の流れを出すようにします。枝を切り戻すときは、切り口ができるだけ目立たないようにします。

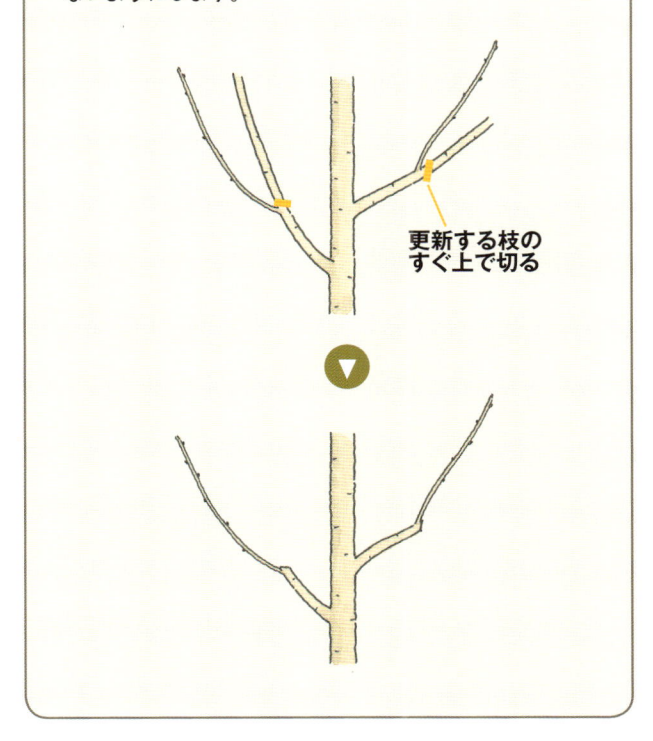

更新する枝の
すぐ上で切る

▼

2 長すぎる枝を切り戻す
切り戻した芯から出ている長い枝を切り戻す。

更新する枝

3 細い枝に更新する
芯から出ている太い脇枝は切り戻して細い枝に更新する。

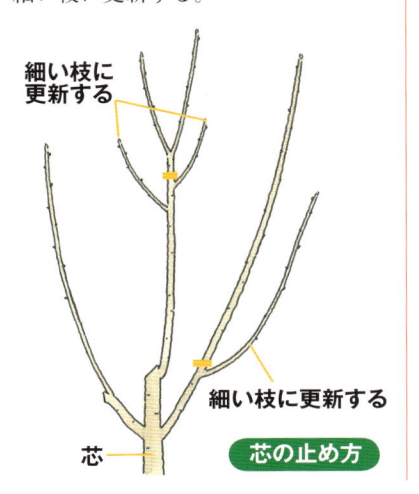

細い枝に
更新する

細い枝に更新する

芯

芯の止め方

3 小枝を整理する

細すぎる小枝は込み合った印象を与えるので、元から切り取って透かす。ただし、全部切り取ると間が空いてしまうので、1～2本は残すようにする。

4 バランスを整える

ひととおり枝を透かしたら脚立から降り、下から見てボリュームやバランスを確認する。ボリュームが多いところは、さらに枝を間引いて仕上げをする。枝を段違いに残すのが理想的。

After

芯を止めたことで、手入れしやすい高さになった。太い枝を細い枝に更新したことで、枝の流れが軽やかになった。

剪定後

Part3 人気の庭木・花木の剪定

クロモジ

クスノキ科　落葉高木

香りのよい枝をようじなどにも利用する

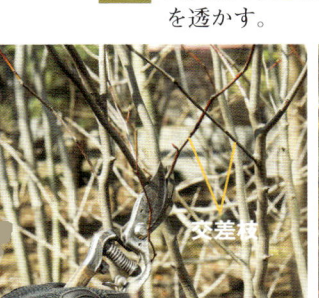

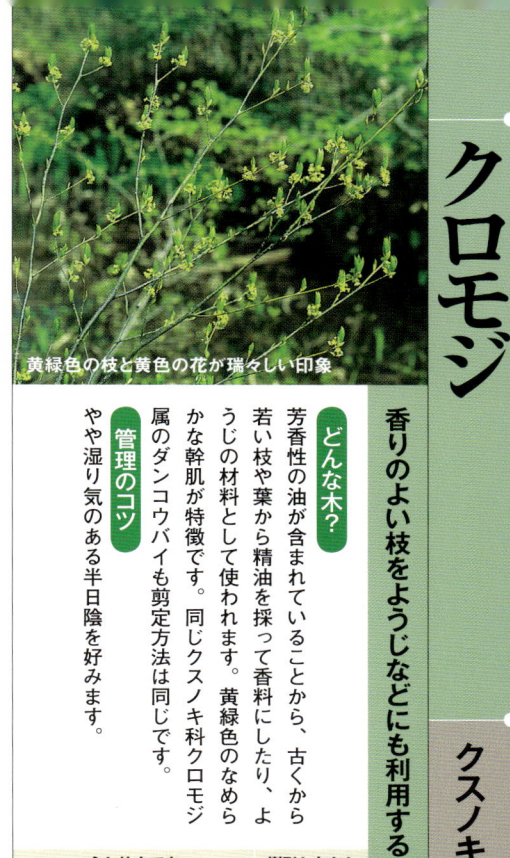

黄緑色の枝と黄色の花が瑞々しい印象

株元、上部ともにやや込み合った印象。

剪定前

どんな木？

芳香性の油が含まれていることから、古くから若い枝や葉から精油を採って香料にしたり、ようじの材料として使われます。黄緑色のなめらかな幹肌が特徴です。同じクスノキ科クロモジ属のダンコウバイも剪定方法は同じです。

管理のコツ

やや湿り気のある半日陰を好みます。

主な仕立て方
株立ち／自然樹形

樹形と大きさ
1.5～2.5m　倒卵形　2.5～4m

実色 黒　**花色** 黄

剪定のコツ

- ひこばえが出やすいので、不要なひこばえを元から切り取って株元をすっきり見せる。
- 内向枝やふところ枝、交差枝などを間引いて透かす。
- 株元はすっきり、上でふわっと枝が広がるように樹形を整える。

木の姿と緑を楽しむ
● 落葉高木
● クヌギ／クロモジ

株立ちの姿を整える透かし剪定

1 不要なひこばえを切り取る

株元のひこばえを元から切り取って立ち姿をすっきりさせる。株立ちの本数が少ない場合はひこばえを伸ばしてもよい。

2 込み合った枝を間引く

内向枝や交差枝などを間引いて込み合った部分を透かす。

交差枝　内向枝

剪定カレンダー

12	11	10	9	8	7	6	5	4	3	2	1
落葉				花芽分化				花			
剪定				剪定							

メギ

メギ科

落葉中低木

赤紫色の美しい葉が魅力。するどいトゲが防犯の効果も

秋の紅葉も観賞価値が高い

どんな木?

するどいトゲがあるのでヘビノボラズとも呼ばれます。トゲを生かして、防犯用の生け垣などにも利用されます。アカバメギは赤紫色の葉が美しく、春の花や秋の実、紅葉も楽しめます。

管理のコツ

日当たりのよい場所を好み、日当たりが悪いと、葉が赤くなりません。うどんこ病、ハマキムシの発生に注意します。

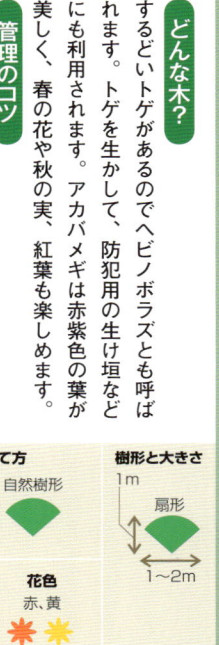

主な仕立て方
- 生け垣
- 自然樹形

樹形と大きさ
- 扇形 1m / 1〜2m

実色　赤
花色　赤、黄

剪定のコツ

- 生け垣の剪定はP26〜28参照。
- 枝が横に広がりやすいので、切り戻してコンパクトにする。
- 株の内部まで日が入らないと葉が緑になって魅力が損なわれるので、全体を透かす。日に当たると葉が赤くなる。
- トゲがあるので、剪定時にケガをしないように注意する。

剪定カレンダー

12	11	10	9	8	7	6	5	4	3	2	1
落葉		紅葉・実		花芽分化			花		芽吹き		
剪定				剪定			剪定				

樹形をコンパクトにする透かし剪定

Before

剪定前

枝が広がって暴れた印象。

1 株元から間引く
古い枝や太すぎる枝、ひこばえなどを元から切り取って間引く。

2 長い枝を切り戻す
横に広がる枝や長すぎる枝、込み合った枝を切り戻して全体に透かす。

After

樹形がだいぶコンパクトになった。日が当たれば緑の葉が美しい赤紫色になる。

剪定後

Part3 人気の庭木・花木の剪定

ニシキギ

ニシキギ科　落葉中低木

翼のある個性的な枝と秋の紅葉を楽しむ

燃えるような紅葉が楽しめる

どんな木？

コルク質の翼がある個性的な枝は、生け花の花材としてもよく出回ります。花はあまり目立たず、ユニークな木姿と、秋の燃えるような紅葉と赤い実を観賞します。

管理のコツ

西日の当たらない日当たりのよい場所を好みます。日当たりが悪いと、紅葉や実つきが悪くなります。病害虫はあまり心配ありません。

主な仕立て方：生け垣／自然樹形
樹形と大きさ：扇形　2〜3m／1.5〜2m
実色：赤
花色：黄緑

剪定のコツ

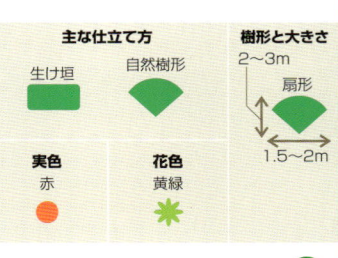

● 生け垣の剪定はP.26〜28参照。
● さほど樹形が乱れないので、込み合った部分を透かす。
● 芽のないところで切ると切り口から放射状に数本の枝が伸びるので、間引くようにする。
● 芽の位置を確認して切り戻すと、二又に分かれた美しい枝ぶりをつくることができる。

剪定カレンダー

12	11	10	9	8	7	6	5	4	3	2	1
落葉	紅葉								芽吹き		
	実					花					
剪定						剪定			剪定		

木の姿と緑を楽しむ ● 落葉中低木 ● メギ／ニシキギ

樹形を整える透かし剪定

さほど枝数もないので、込み合った部分だけ透かす程度でよい。

剪定前

1 枝を間引く

1か所から複数の枝が伸びているところは、内向枝など不要な枝を元から切り取って間引く。

2 長い枝を切り戻す

長すぎる枝は切り戻して樹形をコンパクトにする。

プロの技！　芽を選んで切り戻す

ニシキギの芽は、左右と上下に交互にできるので、芽の位置と向きを選んで切り戻すようにすると、よい枝ぶりをつくることができます。写真のように左右の芽のすぐ上で切り戻すと、二又に分かれた美しい枝ぶりに仕上がります。

芽

ツバキ

ツバキ科　常緑高木

花色や花形が豊富な日本生まれの常緑花木

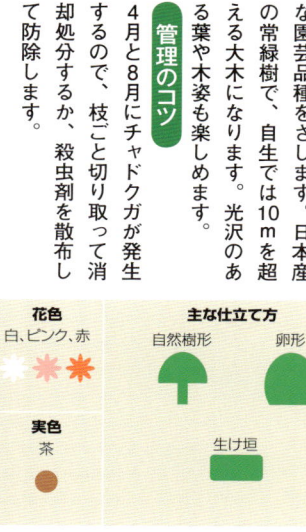

ヤブツバキ系の'熊谷'

どんな木？

一般にツバキというと、ヤブツバキ、ユキツバキ、ユキバタツバキと、それらを元にした豊富な園芸品種をさします。日本産の常緑樹で、自生では10mを超える大木になります。光沢のある葉や木姿も楽しめます。

管理のコツ

4月と8月にチャドクガが発生するので、枝ごと切り取って消却処分するか、殺虫剤を散布して防除します。

花色
白、ピンク、赤

実色
茶

主な仕立て方
自然樹形　卵形
生け垣

樹形と大きさ
2〜3.5m
半球形、円柱形
0.8〜2m

剪定のコツ

- 刈り込みにも耐えるが、ていねいに透かし剪定をしたほうが観賞価値が高まる。
- 小枝を透かして株の内部まで光が入るようにする。ただし、透かしすぎると幹焼けするので、「小鳥が枝に止まれる程度の透かし具合」を目安にする。
- 自然樹形を生かすか、卵形に仕立てると手入れが楽。

剪定カレンダー

12	11	10	9	8	7	6	5	4	3	2	1
					花芽分化			芽吹き		花	
剪定									剪定		

Before

剪定前

横に枝が張り出してまとまりがない。

透かし剪定で自然樹形を整える

1 飛び出した枝を切り戻す

横に飛び出している枝を樹冠のラインよりも深めに切り戻す。

Part3 人気の庭木・花木の剪定

花や香りを楽しむ
- 常緑高木
- ツバキ

剪定後

After コンパクトにまとまった。内部にも適度な光と風が入るようになった。

満開のツバキの生け垣

2 高さを調整する
好みの高さまで芯を切り戻す。

3 内部の細かい枝を切り取る
ツバキは株のふところに細かい枝が出やすいので、元から切り取って内部を透かす。

プロの技！
小鳥が止まれる透かし剪定

ツバキの透かし剪定では、小鳥が枝に止まれるくらい（葉や枝の間から主幹が透けて見えるくらい）に透かすのが理想とされています。あまり透かして内部に日が当たりすぎると、幹焼けを起こすので注意します。

サザンカ

ツバキ科 常緑高木

冬を彩る貴重な常緑花木。園芸品種が豊富

Before

枝が広がってまとまりがない。

剪定前

透かし剪定と仕立て直し

1 枯れ枝を切り取る
枯れた枝を元から切り取る。

花弁が波打つ一重咲き

どんな木?

日本産の野生のサザンカからできた園芸品種で、サザンカ、カンツバキ、ハルサザンカの3つのグループがあります。ツバキよりも葉が小さいのが特徴です。花びらが散りやすいので、コケや地面に散った花びらを観賞するのも楽しみのひとつです。

管理のコツ

ツバキ同様4月と8月にチャドクガが発生します。焼却処分するか殺虫剤を散布します。

花色 白、ピンク、赤

実色 茶

主な仕立て方 卵形／自然樹形／生け垣／円柱形

樹形と大きさ 2〜3m 半球形 1〜1.5m

剪定のコツ

- 花後すぐに剪定を行えば、花芽を落とす心配がない。
- 内部の小枝を整理すると葉裏につくチャドクガの消毒がしやすくなる。
- 強い刈り込みにも耐えるので、生け垣などに仕立ててもよい。生け垣の刈り込みはP26〜28参照。
- ヒラカンツバキの剪定はP132参照。

剪定カレンダー

1	2	3	4	5	6	7	8	9	10	11	12
花	花		芽吹き		花芽分化						花
		剪定							剪定		

花や香りを楽しむ ● 常緑高木 ● サザンカ

プロの技!
枝を絞って樹形を整える

枝同士が広がってまとまらない場合は、麻ひもなどで枝を絞って樹形を整えます。

2 込み合った枝を透かす

枝が込み合っているところは、交差枝、内向枝、立ち枝、返り枝などを元から切り取って透かす。

交差枝

立ち枝

内向枝

剪定後

After 枝を絞ったことでコンパクトにまとまった。枝を透かしたことで、中まで光と風が入るようになった。

半球形に刈り込んだサザンカ

3 長い枝を切り戻す

樹冠のラインから飛び出している枝を、枝分かれしている枝の上で切り戻す。

4 幹吹き枝を切り取る

幹から直接出ている細い枝を元から切り取って株元をきれいにする。

ギンヨウアカシア（ミモザ）

マメ科 / 常緑高木

黄金色の小花とシルバーリーフが人気

早春に黄色い小花がいっせいに咲く

どんな木?

オーストラリア原産の人気の花木でミモザとも呼ばれます。早春に小さな玉のような黄色い花が密集して咲きます。シルバーリーフの葉も美しく、花とともに切り花としても人気です。

管理のコツ

日当たりと水はけのよい場所を好みます。肥料は必要ありません。カイガラムシが発生するので、剪定して風通しのよい環境を心がけます。

主な仕立て方
自然樹形

樹形と大きさ
3〜5m / 半球形 / 2〜3m

実色：茶　花色：黄

剪定のコツ

- 暖地では新梢が1年で70〜80cm伸び、放任すると暴れるので、花後すぐに切り戻す。
- どこで切っても芽が出るので、太い枝も強く切り戻してよい。
- 根の張りが浅く、強風で倒れやすいので、上部を剪定で小さくする。苗木は支柱を立てておく。
- 豆果は成長の抑制に残す。

剪定カレンダー

12	11	10	9	8	7	6	5	4	3	2	1
		豆果			花芽分化				花		
			剪定				剪定				

花や香りを楽しむ

- 常緑高木
- サザンカ／ギンヨウアカシア

花後に切り戻して大きさを抑える

Before
花後の状態。枝先に花がらがついている。今年の枝が勢いよく伸び出し、放任すると強風で倒れやすいので、強めに切り戻す。

剪定前

2 内部の小枝を切り取る
カイガラムシなどの発生を抑えるため、株の内部の小枝を元から切り取って風通しをよくする。

1 新梢を切り戻す
勢いよく伸び出している枝を強めに切り戻す。

After
かなり強めに切り戻した。強風で傾いたり倒れたりしないように上部を小さくするのがコツ。

剪定後

キンモクセイ

モクセイ科　常緑高木

秋に香りのよいオレンジ色の小さな花が咲く

オレンジ色の花がいっせいに咲き、周囲に芳香が漂う

どんな木？

秋に甘い香りのする小花が密集して咲きます。雌雄異株で、日本で植えられているのは雄株なので実はなりません。常緑の葉と木姿も楽しめます。

管理のコツ

明るい日陰を好みますが、日当たりが悪すぎると花数が減ります。強光に当たると葉焼けを起こすこともあります。成長が早いので、苗木を植えつけて3年目くらいから観賞できます。

剪定のコツ

- 花芽は春に伸びた新しい枝にできるので、剪定は芽吹き前と花後に行う。夏の剪定は軽く透かす程度にとどめる。
- 放任しても、さほど樹形はくずれないが、成長が早く大きくなりすぎるので、芽吹き前に大きく切り戻す。
- 株の内部の枝や葉が枯れ込みやすいので、思い切って透かして中まで光が入るようにする。
- 芽吹き前に刈り込み剪定を行ってもよい。

花色　オレンジ

主な仕立て方　自然樹形／円柱形／生け垣

樹形と大きさ　2～4m　半球形　0.8～2m

剪定カレンダー

1	2	3	4	5	6	7	8	9	10	11	12
			芽吹き			花芽分化		花			
		剪定					剪定			剪定	

Before

剪定前

株が若いので大きく切り戻す必要はない。このくらいの大きさからこまめに樹形を整えて、大きくなりすぎないようにするのが理想。

若木の透かし剪定

1 長い枝を切り戻す

長く飛び出している枝を芽の上で切り戻す。

Part3 人気の庭木・花木の剪定

花や香りを楽しむ ● 常緑高木 ● キンモクセイ

After 高さもそろい、内部まで光が入るようになった。

剪定後

2 込み合った部分を透かす

枝が込み合っているところは、内向枝や交差枝などを元から間引いて透かす。株の中まで光が入るようにする。

間引く

3 車枝を間引く

同じところから複数の枝が出ている場合は、間引いて2～3本にする。

大きくなりすぎた木の仕立て直し

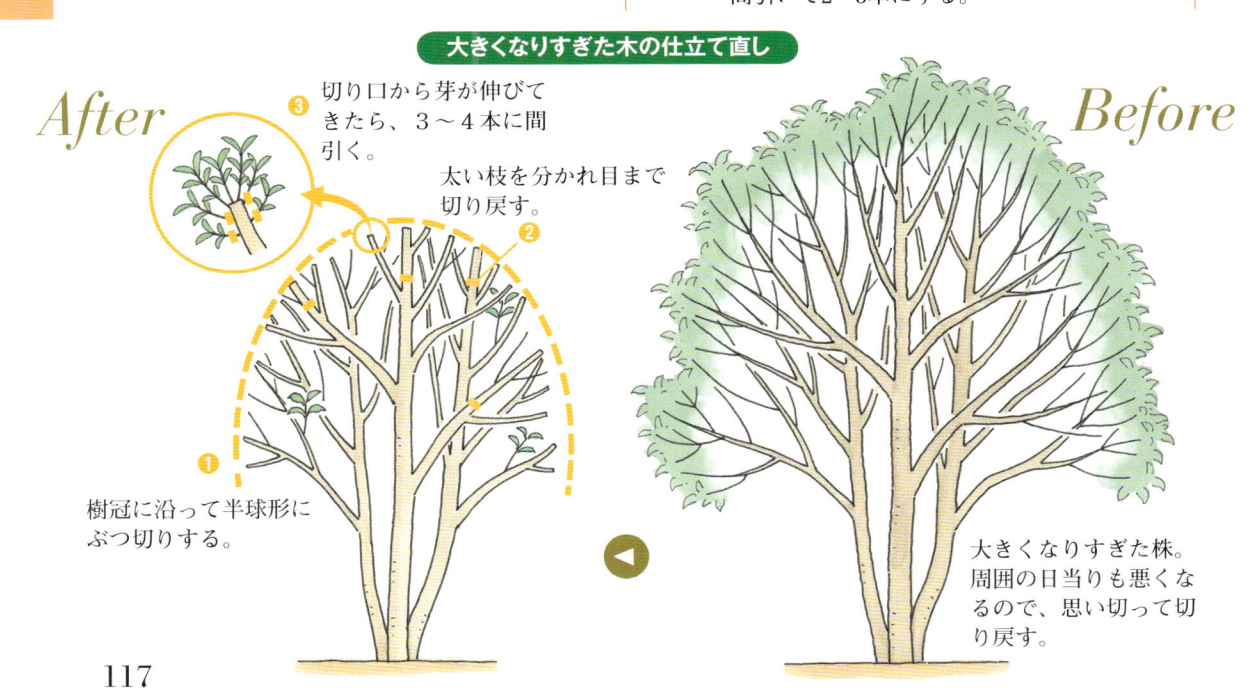

After

❸ 切り口から芽が伸びてきたら、3～4本に間引く。

❷ 太い枝を分かれ目まで切り戻す。

❶ 樹冠に沿って半球形にぶつ切りする。

Before

大きくなりすぎた株。周囲の日当りも悪くなるので、思い切って切り戻す。

117

キョウチクトウ

暑さや大気汚染に強い夏の花木

キョウチクトウ科　常緑高木

涼しげな白花

どんな木?

インド産で、暑さに強く、盛夏にも白やピンクの花が元気よく咲きます。ピンクの八重咲きの花が一般的で、最近は葉に斑の入る品種も人気です。葉や枝を切ると白い乳液が出ますが、有毒なので口などに入らないように注意します。

管理のコツ

大気汚染に強く、道路沿いでもよく育ちます。日当たりが悪いと葉を落とします。

主な仕立て方　自然樹形
樹形と大きさ　3〜5m　半球形　1.2〜2m
花色　白、ピンク、赤

剪定のコツ

● 成長が早く、放任すると大きくなりすぎるので、太すぎる枝を間引いたり、長い枝を切り戻して、コンパクトな樹形を保つ。
● 不要なひこばえは元から切り取る。
● 太い枝をつくらないよう数年ごとに株元から伸びる若い枝に更新する。

剪定カレンダー

12	11	10	9	8	7	6	5	4	3	2	1
				花	花		花芽分化	花芽分化			
剪定						剪定				剪定	

間引きと切り戻しでコンパクトな樹形を保つ

Before
枝が伸び出して上部が重たくなっている。

剪定前

1 太い枝を間引く
太すぎる枝をノコギリで元から切り取って間引く。

2 長い枝を切り戻す
長い枝を剪定バサミで切り戻して高さを抑える。さらに、込み合った枝を透かす。

After
高さとボリュームを抑えて、コンパクトにまとまった。

剪定後

Part3 人気の庭木・花木の剪定　118

トキワマンサク

紅花に赤葉のベニバナトキワマンサクが人気

マンサク科　常緑高木

花や香りを楽しむ
● 常緑高木
● キョウチクトウ／トキワマンサク

どんな木？

トキワマンサクの花色は白または淡い黄色ですが、最近は濃いピンク色の花が咲くベニバナトキワマンサクが人気です。ベニバナトキワマンサクには緑葉種と赤葉種があり、生け垣に仕立てて楽しむこともできます。

管理のコツ

関東地方以西の暖地での栽培に適し、寒風の当たらない場所を好みます。

ベニバナトキワマンサクの緑葉種

主な仕立て方：玉づくり／生け垣／自然樹形
樹形と大きさ：1～3m、株立ち 1～2m
実色：緑
花色：白、黄、ピンク、赤

剪定のコツ

● 自然樹形で楽しむ場合は、樹高を高くして幹や枝の流れを重視し、透かし剪定で樹形を整える。
● 生け垣の刈り込みはP26～28参照。
● 幼木のうちに芯を止めれば、低い玉づくりも楽しめる。刈り込みや透かし剪定で樹形を維持する。

剪定カレンダー

12	11	10	9	8	7	6	5	4	3	2	1
				花芽分化			花		芽吹き		
	剪定					剪定				剪定	

玉づくりの透かし剪定

Before　低く仕立てた玉づくり。枝が伸び出して樹形が乱れている。刈り込んでもよいが、透かし剪定のほうが中まできれいになる。

剪定前

1 太い枝を間引く

周囲の枝に比べて太すぎる枝を元から切り取る。全体の枝の太さをできるだけ統一する。

2 徒長枝を切り戻す

花は小枝につくので、花が咲かない徒長枝は小枝があるところまで切り戻す。

徒長枝／花が咲く小枝

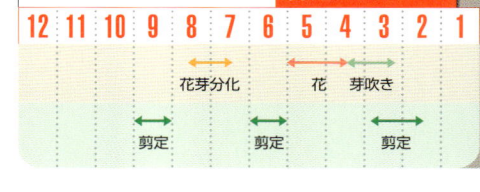

After　樹形が整い、内部もだいぶ透けた。

剪定後

ツツジ・サツキ

ツツジ科 常緑中低木

初夏を代表する花木。刈り込み仕立てに向く

花色、花の大きさなどさまざまな園芸品種がある

どんな木?

ツツジもサツキも同じツツジ科ツツジ属の仲間です。サツキのほうがツツジよりも開花が遅く、新芽の伸びと開花が同時で、花が新芽に埋もれるのが特徴です。ミツバツツジやゲンカイツツジなど落葉性のものもあります。

管理のコツ

日当たり、水はけのよい場所を好みます。サツキはツツジよりも根が水に強く、耐水性があります。

主な仕立て方

花色	主な仕立て方	樹形と大きさ
白、ピンク、赤	生け垣 / 自然樹形	0.5〜2.5m 低半球形、低卵形 1〜2.5m
実色 茶		

剪定のコツ

● ツツジ、サツキとも剪定方法は同じ。
● 枝が細かく、葉も細かいので刈り込みに向く。ただし、刈り込み剪定だけを繰り返すと、表面だけが密になり、内部が枯れこんでくるので、刈り込み剪定と透かし剪定を併用するとよい。
● 夏に花芽ができるので、花後すぐに剪定して花芽を切り落とさないようにする。花後の剪定は強めに行い、秋は軽く樹形を整える程度にする。

剪定カレンダー

1	2	3	4	5	6	7	8	9	10	11	12
芽吹き			芽吹き				花芽分化				
花			花								
				剪定	剪定					剪定	剪定

Before

剪定前

花後のクルメツツジ。樹形が乱れているので、刈り込んで低半球形に整える。

ツツジの刈り込み剪定

1 枯れ枝を切り取る

枯れた枝を元から切り取って整理する。

Part3 人気の庭木・花木の剪定

花や香りを楽しむ ● 常緑中低木 ● ツツジ・サツキ

4 切り残しを処理する
樹冠から飛び出している切り残しを、植木バサミで深めに切り戻す。

剪定後

After 半球形に形が整った。透き間があいても、すぐに芽が出てくるので心配しなくてよい。

プロの技!
刈り込みバサミの使い方
刈り込みバサミで側面を刈るときは、脇をしめて左手を固定し、右手を上下に動かすようにすると、ぶれずにきれいに刈れて腕も疲れません。

2 高さと中心を決める
上部を水平に刈って高さと芯を決める。刈り込みバサミの刃は上向きで使用する。

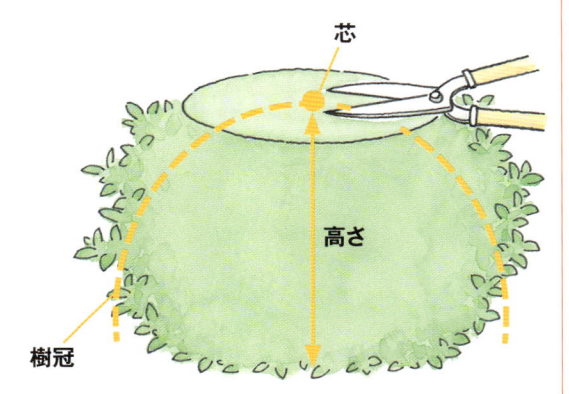

芯 / 高さ / 樹冠

3 側面を刈る
2で決めた高さと芯に合わせて、側面を丸く刈って低半球形にする。刃は下向きにする。

ツツジの透かし剪定

Before

剪定前

花後のツツジ。樹形がだいぶ乱れている。刈り込み剪定でなく透かし剪定でも形を整えることができる。

1 太くて長い枝を抜く
樹冠のラインから飛び出している長い枝を元から切り取って間引く。

2 枝を切り戻す
樹冠のラインよりも深めに枝を切り戻しながら透いていく。

剪定後

After

低半球形に樹形が整った。透かし剪定でもこれだけの剪定枝が出る。

Part3 人気の庭木・花木の剪定　122

花や香りを楽しむ ● 常緑中低木 ● ツツジ・サツキ

Before

剪定前

花後のサツキの生け垣。新芽が伸び出してラインがはっきりしない。

サツキの生け垣の刈り込み

1 前面を刈る
刈り込みバサミの刃を上向きにして前面を刈る。花後の剪定では強めに刈り込む。

2 底面を刈る
刈り込みバサミの刃を下向きにして底面を刈る。

3 上部を刈る
刃を上向きにして上部を水平に刈り込む。花後の剪定では強めに刈る。

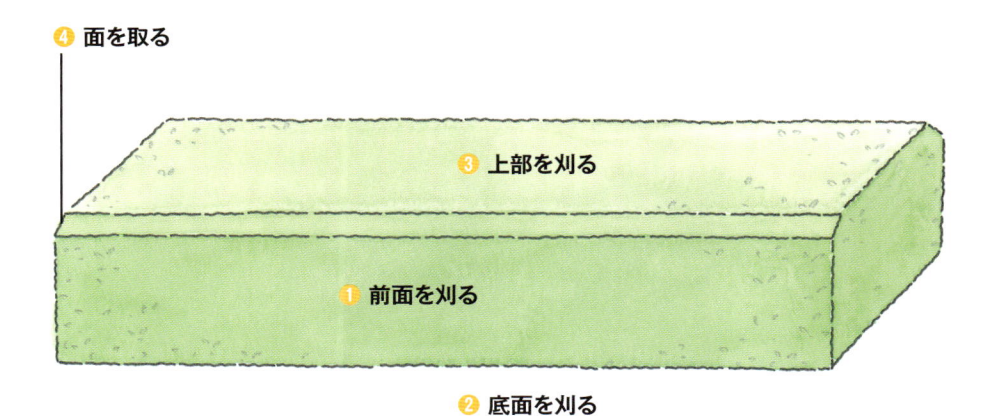

❹ 面を取る
❸ 上部を刈る
❶ 前面を刈る
❷ 底面を刈る

123

5 表面をはく

竹の小ボウキなどで表面をすべらせるように掃き、切り落とした枝や葉を取り除く。クマデを使うと引っかかって枝を傷めてしまうので避ける。竹ボウキのつくり方はP15参照。

6 仕上げの刈り込み

表面をホウキではくと、下にもぐっていた枝が飛び出してくるので、刈り込んで仕上げをする。

4 面取りをする

表と裏の角を45度の角度で面取りをする。刃は下向きで使用する。

After ラインがきれいに整った。

剪定後

Part3 人気の庭木・花木の剪定

アセビ

ツツジ科 / 常緑中低木

春にスズランに似た小さな花が垂れ下がって咲く

ピンクがかった白花

どんな木?

花だけでなく新芽も観賞価値が高く、赤から白、黄、緑に新芽の色が変化する品種もあります。

管理のコツ

日当たりを好みますが半日陰でも育ちます。湿り気を好み、乾燥すると葉が黄色くなって枯れ枝が増えます。葉が白くかすれていたら、ハダニかグンバイムシが発生しているので薬剤を散布して防除します。

主な仕立て方
自然樹形

樹形と大きさ
0.6〜1.5m　低卵形　0.6〜1.5m

花色
白、ピンク

剪定のコツ

● 成長が遅く、放任しても樹形がまとまるので、刈り込み剪定はしないほうがよい。
● 内部に枯れ枝ができやすいので切り取って整理する。
● 樹冠のラインから飛び出した枝を切り戻す。

剪定カレンダー

12	11	10	9	8	7	6	5	4	3	2	1
			←花芽分化→				←芽吹き→		←花→	
←もみあげ→				←剪定→							

花や香りを楽しむ

● 常緑中低木　● ツツジ・サツキ／アセビ

樹形を整える透かし剪定

花後の状態。枝を透かしながら樹形を整えていく。

剪定前

1 枯れ枝を切り取る

内部に枯れ枝ができやすいので、元から切り取る。

2 飛び出した枝を切り戻す

樹冠のラインから飛び出した枝をつけ根まで切り戻す。

プロの技!

もみあげで美しく

冬に新梢の先端の新葉を残し、下の古い葉を手でしごいて取ると、先端の美しい葉だけが残って観賞価値が高まります。

古い葉を取る

シャクナゲ

ツツジ科　常緑中低木

可憐な花が枝先に固まって豪華に咲く

大きなボール状に固まって咲く

どんな木?

園芸品種の多くはセイヨウシャクナゲで、'ハイドン・ハンター'、'サッフォー'、'プレジデント・ルーズベルト'などが人気です。日本産では高山性のホソバシャクナゲやヤクシマシャクナゲなどがあります。

管理のコツ

鹿沼土やピートモスを混ぜた酸性土壌に植えつけます。寒さに強く日陰にも耐えますが、乾燥に弱いので西日を避けます。

剪定のコツ

● 花後すぐに花がらつみをして、実をつけさせないようにする。花がらのつけ根の花軸は手で簡単に折れる。
● 樹形をコンパクトに抑えたい場合は、花がらがついている枝を芽の上で切り戻してもよい。
● 花後に枝先から新梢が4〜5本出ていたら、強いものと弱いものを手でつけ根から折り取って2本にするとコンパクトにまとまる。花芽は新梢の伸びた先に夏の初めにできる。

花色: 白、ピンク、赤、紫
実色: 茶
主な仕立て方: 自然樹形
樹形と大きさ: 0.8〜2m / 半球形 / 0.8〜1.5m

剪定カレンダー

12	11	10	9	8	7	6	5	4	3	2	1
					花芽分化		花				
				花がらつみ・芽かき・剪定							

花がらつみと切り戻しで樹形を保つ

Before
花後の株。花がらがついている。

剪定前

1 花がらをつむ

手で花がらを抑えて花軸から折り取り、実をつけさせないようにする。

花や香りを楽しむ
● 常緑中低木 ● シャクナゲ

強い新梢

弱い新梢

▼

同じくらいの太さの新梢を2本残す

剪定後

After 花がらつみと間引きでコンパクトになった。

2 花がらを切り戻す

高さや大きさを抑えたい場合は、花がらがついた枝ごと芽の上で切り戻してもよい。

芽

3 新梢を間引く

花後に枝先から出てくる新梢にはその年は花芽がつかないので、強いものと弱いものを手で折り取って2本に間引く。

カルミア

ツツジ科 / 常緑中低木

愛らしい五角形の花が密集して咲く

色鮮やかな'オスボレッド'

どんな木?
五角形の鮮やかな花が枝先にまとまって咲きます。つぼみはコンペイ糖のような形をしています。アメリカシャクナゲとも呼ばれます。

管理のコツ
日当たりのよい場所を好みますが、明るい日陰でも育ちます。ピートモスと堆肥を混ぜて弱酸性土壌にしてから植えつけます。ハダニ、カイガラムシ、グンバイムシに注意します。

主な仕立て方：自然樹形
樹形と大きさ：0.5〜3m / 球形 / 0.5〜2m
花色：白、ピンク、赤

剪定のコツ
● 花後すぐに花がらをつんで実をつけさせないようにする。花がらつみの方法はシャクナゲ（P126〜127）と同じ。
● 放っておいても自然樹形にまとまるので、長すぎる枝や込み合った枝を間引く程度にする。

剪定カレンダー
12	11	10	9	8	7	6	5	4	3	2	1
		花芽分化				花					
				花がらつみ・剪定							

花がらつみと間引きで樹形を整える

剪定前

Before 花後の株。花がらがついたままで、樹形も乱れている。

1 飛び出した枝を切り戻す
樹冠のラインから飛び出した枝をつけ根まで切り戻す。内部に枯れ枝などがあれば元から切り取る。

2 花がらをつむ
シャクナゲ（P126）同様に手で花軸を折り取る。

After 花がらを取り除いて、樹形もきれいにまとまった。

剪定後

Part3 人気の庭木・花木の剪定

ジンチョウゲ

ジンチョウゲ科　常緑中低木

春に濃い甘い香りのする花がボール状に咲く

おなじみのピンクの花

どんな木?

小花が枝先に球状にかたまって咲き、甘い香りがします。ピンク花のほか、シロバナジンチョウゲもあります。葉色が明るい斑入り種も人気です。雌雄異株で、出回っているのはほとんどが雄木なので、実はなりません。

管理のコツ

日当たりか明るい半日陰の、水はけのよい場所を好みます。

主な仕立て方　自然樹形
花色　白、ピンク
樹形と大きさ　1〜2m　低卵形　0.6〜1.0m

剪定のコツ

●放っておいても自然樹形にまとまるので、樹形を乱す枝を抜き、内側の細かい枝を間引いて透かす程度にする。
●花芽は、花後に伸びる新梢の枝先に8月頃できるので、花後すぐに剪定すれば、切ったところから新梢が伸びて花芽がつく。刈り込み剪定も可能。

剪定カレンダー

12	11	10	9	8	7	6	5	4	3	2	1
				花芽分化				花			
						剪定					

花や香りを楽しむ
● 常緑中低木
● カルミア／ジンチョウゲ

花後の軽い剪定で樹形を整える

剪定前

Before　樹形が乱れた斑入り種。剪定は花後すぐに行う。

1 飛び出した枝を切り戻す

樹冠のラインから飛び出した枝を切り戻す。

2 内部を透かす

樹冠のラインに届かない内部の細かい枝を元から切り取って透かす。

After　樹形が整った。透かしたことで、株の中まで光と風が入るようになった。

剪定後

クチナシ

アカネ科　常緑中低木

強い芳香のある一重や八重の純白の花が咲く

実も楽しめる一重咲き種

どんな木？

一重咲き種と八重咲き種があります。一重咲き種の実は、料理の色づけや染料、薬用などに利用されます。ガーデニアと呼ばれる大輪八重咲きのオオヤエクチナシ、小輪八重咲きで矮性種のヒメクチナシなどもあります。

管理のコツ

オオスカシバの幼虫が新芽を食い荒らすと花が咲かなくなるので、早めに薬剤を散布して防除します。

花色	主な仕立て方	樹形と大きさ
白	生け垣　自然樹形	0.8〜1.2m　低卵形　0.6〜1m
実色 オレンジ		

剪定のコツ

- 花芽は強い新梢の先端に花後すぐにつく。夏以降に伸びた新梢の先端にも花芽をつけるので、剪定は花後すぐにすませておく。
- 八重咲き種は刈り込みも可能だが、強く刈り込むと花芽ができにくくなるので、透かし剪定のほうがよい。一重咲き種は刈り込みはしない。

剪定カレンダー

12	11	10	9	8	7	6	5	4	3	2	1
	←花芽分化→			←花芽分化→		←花→		←芽吹き→			
				←剪定→							

Before

剪定前

枝が込み合って重たい印象。樹形もまとまりがない。

透かし剪定で樹形を整える

1 長い枝を間引く

樹冠から飛び出している長い枝を元から切り取って間引く。

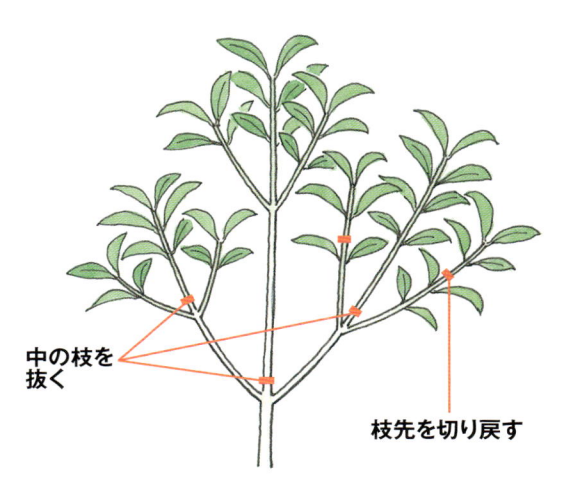

花や香りを楽しむ ● 常緑中低木 ● クチナシ

中の枝を抜く

枝先を切り戻す

剪定後

After 全体に均一に透けて、樹形もまとまった。

プロの技！
クチナシは中芽止めOK

クチナシは切ったところから新しい芽が吹いてくるので、どこで切っても構いません。芽と芽の間の芽のないところで切り戻すことを「中芽止め」といいます。

2 込み合った枝を間引く
枝が込み合ったところは、内向枝や交差枝などの不要な枝を元から切り取って透かす。

3 枝先を透かす
枝先が数本に分かれている場合は、中の強い枝を間引いて、枝が放射状に広がるようにする。

4 先端を切り戻す
植木バサミで先端をていねいに切り戻して、樹冠のラインを整える。

ヒラカンツバキ

ツバキとサザンカの雑種。横張り性と立ち性がある

ツバキ科　常緑中低木

華やかな八重咲きの花が咲く

どんな木?
ツバキとサザンカの種間雑種で、立ち性のものをタチカンツバキ、枝を横に広げるものをヒラカンツバキといいます。サザンカと同じ八重咲きの花で、花弁が1枚ずつ散ります。

管理のコツ
日当たりを好みますが、半日陰でも育ちます。ツバキ、サザンカ同様、チャドクガの発生に注意します。

主な仕立て方
生け垣　自然樹形

樹形と大きさ
0.4〜1.2m　半球形　0.5〜1.2m

実色：茶
花色：白、ピンク、赤

剪定のコツ
● 成長が遅く、放任してもさほど樹形が乱れないので、手間はかからない。
● ヒラカンツバキは上向きに枝が徒長しやすいので切り戻す。
● タチカンツバキは太い枝が強く伸び出すので、強めに切り戻す。
● 生け垣の刈り込みはP26〜28参照。

剪定カレンダー

12	11	10	9	8	7	6	5	4	3	2	1
花					花芽分化		芽吹き			花	
	剪定								剪定		

切り戻して樹形を整える

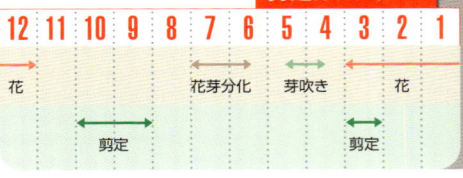

Before　強い枝が上に飛び出して樹形が乱れたヒラカンツバキ。

剪定前

1　太い枝を切り戻す
上に飛び出した太い枝をつけ根まで切り戻す。

2　細かい枝を切り戻す
樹冠のラインから出ている細い枝を芽の上で切り戻す。

After　樹形が整った。上から見たときに楕円形になるようにする。

剪定後

ヒイラギナンテン

メギ科 / 常緑中低木

黄色い穂状の花と実、紅葉も楽しめる

花穂が長い'チャリティー'

どんな木?

ヒイラギに似た葉と、ナンテンに似た株立ちの木姿が名の由来です。春に黄色の穂状の花が咲きます。花穂の長い'チャリティー'、葉の細いナリヒラヒイラギナンテンなどが出回ります。メギ科の植物は、幹を切ったときの切り口が黄色いのが特徴です。

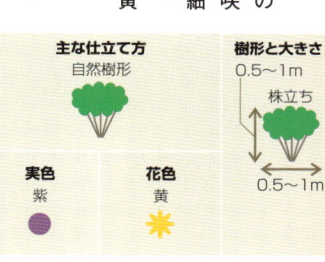

管理のコツ

日陰でも育ちます。病害虫の心配はありません。

主な仕立て方
自然樹形

樹形と大きさ
0.5〜1m 株立ち 0.5〜1m

実色：紫　花色：黄

剪定のコツ

● 成長が遅く、1年に7〜8cm伸びるだけなので手間入らずだが、'チャリティー'は1年に20cmほど伸びる。
● 高さを抑えたいときは幹をどこでぶつ切りしてもよい。切ったところから芽が出てくる。
● 下の葉を間引いて株立ちの幹の姿が見えるようにする。

剪定カレンダー

12	11	10	9	8	7	6	5	4	3	2	1
紅葉						実		花		紅葉	
剪定							剪定				

花や香りを楽しむ
● 常緑中低木
● ヒラカンツバキ／ヒイラギナンテン

コンパクトにまとめる剪定

Before
やや高くなりすぎた株。枝や葉の数も多く、株立ちの幹の姿がよく見えない。

剪定前

1 幹をぶつ切りする
高さを抑えたい幹は、好みの高さでノコギリでぶつ切りする。切り口から3〜4本の新芽が伸びるのでどこで切っても構わない。

2 不要な枝を間引く
枝が込み合っているところは、平行枝など不要な枝を元から切り取って間引く。

剪定後

After
下葉を元から切り取って、幹を見せるようにして完成。

アベリア

スイカズラ科　半常緑中低木

開花期が長く刈り込みにも強い

春から晩秋まで次々に花が咲く

どんな木？

細長く伸びた枝先に、春から秋にかけて次々に花が咲きます。花は甘い香りがします。生育旺盛なので、生け垣などの刈り込みにも向きます。寒冷地では落葉する半落葉樹です。葉に白や黄色の斑が入るタイプ、ベニバナ種が華やかで人気です。

管理のコツ

日当たりでも半日陰でも育ちます。病害虫はほとんど発生しません。

花色	主な仕立て方	樹形と大きさ
白、ピンク	生け垣　自然樹形	0.8～1.2m　低半球形　0.8～1.2m

剪定のコツ

- 春から秋の生育期間中は、どこで切っても芽が伸びて再び花が咲く。
- 生育が旺盛で、年1回の剪定では成長が抑えられないので年2～3回剪定をするとよい。刈り込み剪定にも向く。
- 古い枝は花があまり咲かないので元から切り取って新しい枝に更新する。

剪定カレンダー

12	11	10	9	8	7	6	5	4	3	2	1
								芽吹き			
				花							
		花芽分化									
					剪定				剪定		

休眠期の剪定

Before

剪定前

花の咲かない古い枝が多く株の内部が込み合っている。

1 枯れ枝を切り取る

色が変わった枯れ枝を元から切り取る。

2 古い枝を切り取る

古い枝にはあまり花がつかないので、地際から切り取る。

花や香りを楽しむ
- 半常緑中低木
- アベリア

成長期の剪定

Before 開花中の株。新梢が伸び出して暴れた印象。

剪定前

長い枝を切り戻す
樹冠から飛び出している長い枝を深めに切り戻す。

After コンパクトにまとまった。切ったところから芽が伸びて再び花が咲く。刈り込んでもよい。

剪定後

3 長い枝を切り戻す
長すぎる枝は芽の上で切り戻す。

After

剪定後

古い枝や枯れ枝をすべて整理し、切り戻して扇形の樹形にまとめた。

サクラ

バラ科

落葉高木

日本人が最も愛する花木。多くの園芸品種がある

庭木に向く小型のヒガンザクラ

どんな木？

日本の野生のサクラにはエドヒガン群、カンヒザクラ群、チョウジザクラ群、マメザクラ群、ミヤマザクラ群、ヤマザクラ群があり、ソメイヨシノのような自然交配種、サトザクラ群と呼ばれる園芸品種があります。庭木には小型のヒガンザクラやマメザクラの系統がおすすめ。

管理のコツ

初夏にアメリカシロヒトリが発生するので、枝ごと処分します。

花色 ピンク

実色 赤

主な仕立て方 自然樹形

樹形と大きさ 4〜5m 扇形 2.5〜3.5m

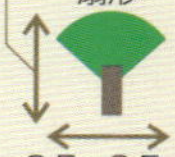

剪定のコツ

●古い枝を途中で切ると切り口から腐るので、1〜2年枝のうちに剪定する。切るときははつけ根や枝の分かれ目で切る。

●「桜切る馬鹿梅切らぬ馬鹿」の言い伝えがあるが、若木のうちから剪定してコンパクトな樹形に仕立てておく。

●立ち性、枝垂れ性とも芯を立てる。コンパクトにしたい場合は芯を切り戻す。

剪定カレンダー

1	2	3	4	5	6	7	8	9	10	11	12
		花 芽吹き			花芽分化					落葉	
剪定											剪定

シダレザクラの仕立て直しを兼ねた剪定

剪定前

Before

イトザクラとも呼ばれるエドヒガン群の園芸品種のシダレザクラ。芯がはっきりせず、上から段々に枝垂れる樹形になっていない。本来は落葉期に剪定する。

1 芯を立て直す

芯がはっきりしないと樹形をつくることができないので、①〜③の要領で支柱に誘引して芯になる幹を立てる。

① 支柱を立てる

竹竿などの長めの支柱を立て、水に浸してやわらかくしたシュロ縄で幹にしっかり固定する。傷つかないように、クッション材か杉皮を幹に巻くとよい。

Part3 人気の庭木・花木の剪定　136

花や香りを楽しむ ● 落葉高木 ● サクラ

2 高い枝を切り戻す
高く伸びすぎている枝は、枝のつけ根まで切り戻す。

3 流れの悪い枝を抜く
流れの悪い不要な枝は元から切り取る。

4 固い枝を間引く
枝垂れずに直線に伸びる枝は、固い印象なので元から切り取る。

② **芯を立てる**
芯になる幹を支柱に誘引して、芯を立てる。

③ **芯の完成**
芯が立った。幹をうねらせながら立てるのがコツ。

7 長い枝を切り戻す

長すぎる枝は上向きの流れのよい枝があるところまで切り戻す。

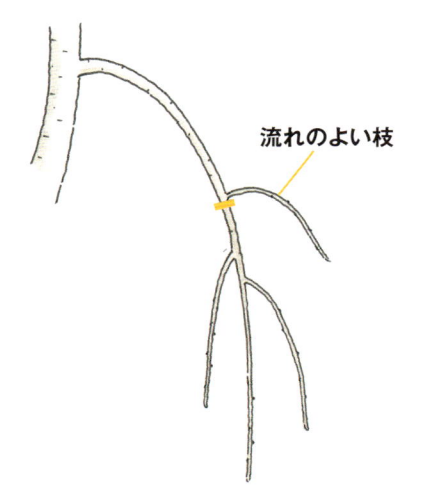

流れのよい枝

5 枝を更新する

太くて長すぎる枝は、流れのよい新しい枝があるところまで切り戻して枝を更新する。

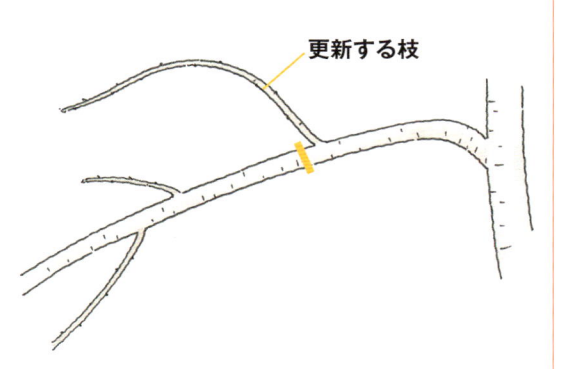

更新する枝

8 先端を切り戻す

細かい枝先を切り戻して全体のバランスを整える。

6 逆向きの枝を切り取る

逆さに向かって伸びる枝は元から切り取る。

花や香りを楽しむ
● 落葉高木 ● サクラ

プロの技！
ヤマザクラの若木の剪定

「桜切る馬鹿梅切らぬ馬鹿」という言い伝えがありますが、本来は「桜切らぬ馬鹿」。若木のうちに剪定してコンパクトに仕立てておくことが大切です。

① 1年で50cm近く伸びるので、放任すると大きくなりすぎてしまう。

② 芯を枝の分かれ目まで切り戻して高さを抑える。

③ 内側の枝を間引いて、外に向かって広がる枝ぶりにする。

④ 高さが抑えられ、枝を間引いたことで枝ぶりがよく見えるようになった。

剪定後

After 芯が立って、上から下に段々に枝が枝垂れて広がっていく樹形に整った。

満開のシダレザクラ。流れるような枝ぶりを楽しむには、剪定が重要

ウメ

バラ科 落葉高木

花、香り、実を楽しむおなじみの庭木。力強さ、古木感が魅力

早春に咲く満開のウメの花

どんな木?

紅梅、白梅、紅白の咲き分け、一重咲き、八重咲きなど多くの品種があります。また、花を観賞する花ウメ、実を収穫する実ウメもあります。尾形光琳の『紅梅白梅図屏風』のような力強い木姿や古木感を楽しみます。枝垂れ性の品種もあります。

管理のコツ

カイガラムシ、アブラムシ、イラガなどの虫害が多いので薬剤散布が欠かせません。

花色 白、ピンク、赤

実色 赤

主な仕立て方 自然樹形

樹形と大きさ 2.5〜3m 半球形 1.5〜2.5m

剪定のコツ

- 花後の芽吹き前なら、太い枝をノコギリで思い切って剪定してよい。夏に徒長枝の切り戻し、冬に軽い剪定をして、花芽のつく短枝を多くつくるようにする。
- 暴れた枝ぶりや枝の流れを生かすように剪定する。『紅梅白梅図屏風』がお手本。
- 枝が少ないところは立ち枝を利用して新しい枝をつくるようにする。

剪定カレンダー

12	11	10	9	8	7	6	5	4	3	2	1
	落葉			花芽分化		実		芽吹き		花	
						剪定		剪定			

花後の切り戻し剪定

Before 剪定前

花後の株。枝が込み合って迫力がないので、思い切って間引いて流れを出す。太い枝の切り戻しは花後の芽吹き前に行う。

1 絡み枝を間引く

2本の枝が絡みあっているので、1本を間引く。写真の場合は、流れの悪い直線の枝をノコギリで元から切り取る。

流れの悪い枝

花や香りを楽しむ ● 落葉高木 ● ウメ

2 平行枝を間引く
枝が何本か平行に出ているので、間引いてすっきりさせる。写真の場合は、太くて固すぎる枝をノコギリで元から切り取る。

平行枝

5 枝を切り戻す
長く伸びすぎた枝は切り戻して、細く新しい横枝をつくるようにする。

3 切り残しを整理する
新しい枝の出ていない前の剪定時の切り残しは元から切り取る。

6 不要な小枝を切り取る
幹から直接出ている不要な小枝を元から切り取って、枝ぶりがよく見えるようにする。

7 立ち枝を生かして新しい枝をつくる
枝が少ないところでは、立ち枝を切り戻して新しい枝をつくるようにする。

4 新梢を止める
勢いよく真上に伸びた新梢は、元から切り取るか途中で切り戻す。

新梢

After

剪定後

枝ぶりがよく見えるようになった。夏になったら新しく伸びてくる徒長枝を切り戻す。

外向きの枝

8 枝を間引く
1か所から複数の枝が出ているところは、外向きの枝を残して残りを切り取る。

9 幹吹きを切り取る
幹の下のほうから出ている弱々しい幹吹きの枝を元から切り取る。

プロの技!

枝ぶりを見極める

初心者には、残す枝と剪定する枝の見極めが難しいものですが、ウメの場合は流れや表情を重視して枝を選ぶようにします。枝が二又に分かれている場合は、1本を元から切り落とすことで、残した枝の流れがより強調されます。また、通常は忌み枝とされる下向きの枝も、味わいがあれば残すとよいでしょう。

いったん下がって上に上がる枝は味わいがあるので残す。

二又に分かれた枝。流れの固いほうを元から切り落とす。

思い切って1本に間引いたことで、残した枝の流れがよくなった。

テルテモモ（ハナモモ）

バラ科／落葉高木

ほうき立ちの樹形と木いっぱいに咲く花を楽しむ

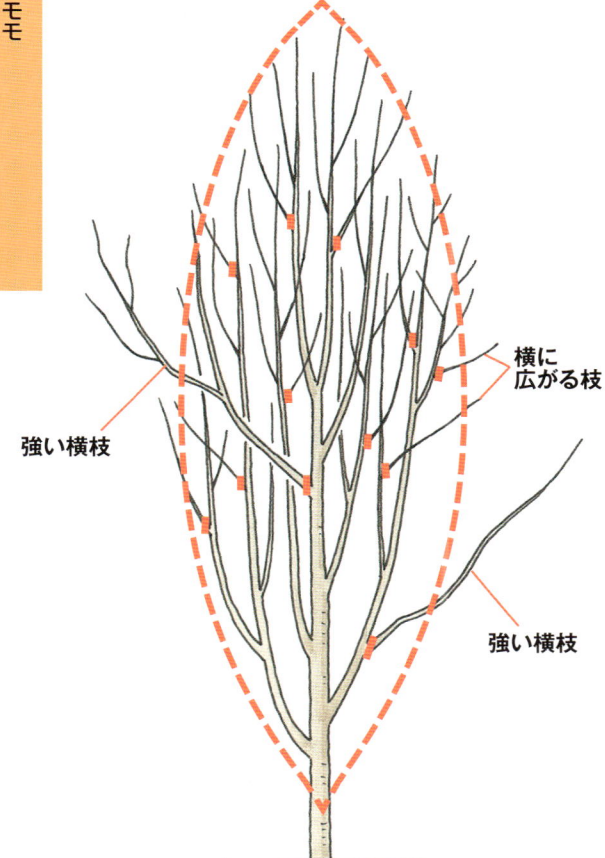

枝いっぱいに花が咲く'照手姫'

どんな木?
ほうき立ち樹形のハナモモ/照手シリーズで、赤花の'照手紅'、ピンク花の'照手姫'、'照手桃'、白花の'照手白'があります。数本の幹が立ち上がって伸び、早く成長します。

管理のコツ
根張りが強くないので、幼木は支柱をして強風で倒れるのを防ぎます。アブラムシ、シンクイムシ、カイガラムシに注意します。

主な仕立て方：自然樹形
樹形と大きさ：ほうき立ち 2.5～5m / 0.8～1.5m
実色：緑
花色：白、ピンク、赤

剪定のコツ
● 放任してもさほど樹形が乱れないので、強い横枝が出たときや高くなりすぎたときに間引き剪定する。
● ホウキを逆さにしたようなすっとした樹形を保つために、横に広がりすぎた外枝を間引く。
● 先祖返りした強い枝は元から切り取る。

剪定カレンダー

12	11	10	9	8	7	6	5	4	3	2	1
落葉				花芽分化				花 芽吹き		剪定	

花や香りを楽しむ
● 落葉高木　● ウメ／テルテモモ

ほうき立ち樹形を整える剪定

横枝を間引く
先祖返りした強い横枝（右）や、横に広がる外枝（左）を元から間引いて樹形が広がらないようにする。ホウキを逆さにしたようなすっとした樹形が理想。

- 強い横枝
- 横に広がる枝
- 強い横枝

143

マンサク

マンサク科　落葉高木

早春の個性的な花と株立ちの木姿を楽しむ

冬空に独特の黄色い花が映える

どんな木?
早春に細長くねじれた花弁を持つ黄色い花が咲きます。株立ち状のシルバーグレーの幹も美しく、観賞価値があります。赤花品種や、葉が丸みを帯びたマルバマンサクなどもあります。

管理のコツ
西日が強く当たる場所、夏に乾燥の激しい場所は葉を傷めるので避けます。乾燥防止には株元にバークチップなどを敷き詰めます。

花色: 黄、赤

主な仕立て方: 自然樹形

樹形と大きさ: 株立ち 3〜5m / 2〜3m

剪定のコツ
- 花芽分化が始まる前、花後すぐに剪定すると花芽を切り落とす心配がない。
- 株立ちの美しい立ち姿を見せるように、株元の不要な枝を取り除く。
- 株立ちの場合は樹形が広がりすぎないほうが美しいので、横に広がる枝を元から切り取る。

剪定カレンダー

12	11	10	9	8	7	6	5	4	3	2	1
落葉	落葉				花芽分化	花芽分化	芽吹き	芽吹き	花	花	
剪定	剪定	剪定					剪定	剪定	剪定		

Before

株立ちのマンサク。樹形が横に広がりすぎているのと、葉や枝で幹が覆われて株立ちの美しさが生かされていない。剪定は、本来は花後すぐか落葉期に行う。

株立ちの樹形を整える透かし剪定

1 横枝を切り取る
横に張り出している横枝を元から切り取って樹形を整える。

Part3 人気の庭木・花木の剪定

花や香りを楽しむ ●落葉高木 ●マンサク

剪定後

After 樹形の広がりが抑えられ、幹のライン も見えるようになった。

マルバマンサクの紅葉

2 不要な枝を間引く
株立ちの幹を隠している枝を元から切り取って、幹のラインを見せるようにする。

3 ひこばえを整理する
株元のひこばえを元から切り取る。株立ちの本数を増やしたい場合は、残しておいてもよい。

ハナミズキ・ヤマボウシ

ミズキ科　落葉高木

北アメリカ原産の花木。街路樹としても人気

ハナミズキの赤花

どんな木?

4月中旬からゴールデンウィークに白やピンク、赤い花がいっせいに咲きます。幹が直立し、横に伸びた枝に上向きに花が咲きます。紅葉や実も美しく、斑入り種もあります。花のない時期は幹肌で見分けます。ゴツゴツしているのがハナミズキ、なめらかなのがヤマボウシです。

管理のコツ

うどんこ病が発生するので、早めに薬剤を散布して予防します。

花色　白、ピンク、赤
実色　赤

主な仕立て方　自然樹形／株立ち／半球形

樹形と大きさ　3〜5m　広円錐形　1.5〜4m

剪定のコツ

● 開花前と落葉後に剪定する。花芽のない枝はつけ根から切り戻して透かす。
● 花芽は短枝の先にできるので、太すぎる枝を間引いて透かしていくと、花つきよく枝張りを抑えることができる。
● 脚立が届く範囲に高さを抑えておくと手入れがしやすい。
● 枯れ枝が出やすいので元から切り取って整理する。風通しをよくすることでうどんこ病の発生を抑える。

剪定カレンダー

12	11	10	9	8	7	6	5	4	3	2	1
	落葉紅葉	実			花芽分化		芽吹き	花			
剪定										剪定	

Before

剪定前

花後のハナミズキ。本来は開花前か落葉後に剪定する。樹形の広がりをもう少し抑えたい。病害虫の防除に枝葉を透かす。

樹形を整える透かし剪定

1　枯れ枝を整理する

枯れ枝が出やすいので、元から切り取る。

Part3 人気の庭木・花木の剪定

4 細かい枝を間引く

細かい枝が多いところは間引いて透かす。

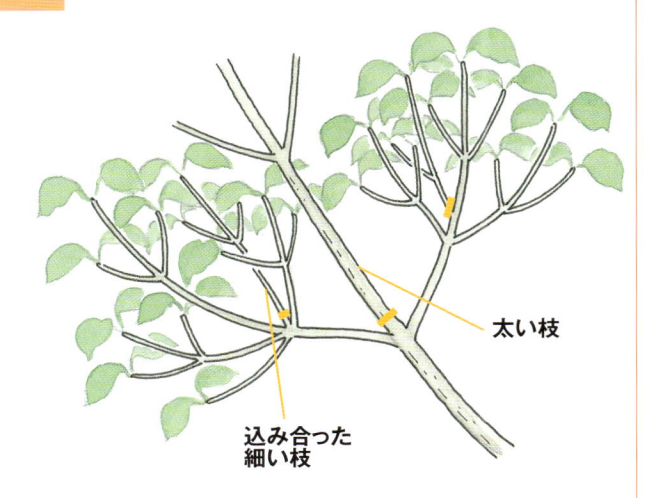

2 横枝を切り戻す

横に強く張り出している枝は樹冠におさまるところまで切り戻す。

3 太い枝を間引く

周囲の枝よりも太い枝を間引いて透かす。

花や香りを楽しむ
● 落葉高木
● ハナミズキ・ヤマボウシ

太い枝

込み合った細い枝

太い枝

太い枝

落葉期の剪定

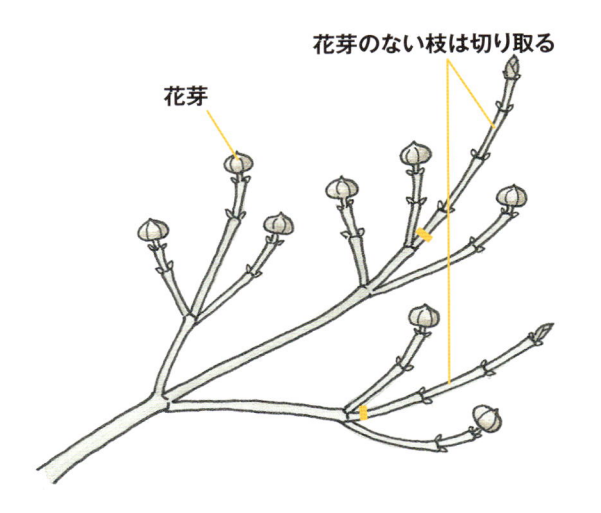

花芽

花芽のない枝は切り取る

5 幹吹き枝を切り取る
不要な幹吹きの枝は切り取る

ヤマボウシの花

剪定後

After 樹形がやや コンパクトに抑えられ、枝葉のボリュームも少なくなった。

Part3 人気の庭木・花木の剪定　148

スモークツリー

ウルシ科　落葉高木

初夏に煙のような花が枝先にたなびく

その名の通り煙のような花が咲く

どんな木?

別名ケムリノキ。長く伸びた花軸の先に煙のような羽毛状の花が咲き、緑や濃い紫色の葉とのコントラストが楽しめます。雌雄異株で、煙のような花は雌株にしか咲きません。

管理のコツ

乾燥には強いですが、過湿に弱いので、水はけのよい場所に植えます。大きくなりすぎるのを防ぐため、肥料は施しません。

主な仕立て方　自然樹形
樹形と大きさ　1.5〜3m　卵形　1〜2.5m
花色　白、赤

剪定のコツ

● 放任すると地際から出るシュートや幹芯が1年で1.5m近く伸びる。花後に伸びた芯を切り戻して新しい枝に更新する。
● 小枝が少ないところは、枝を芽の上で切り戻して、わき芽をふやしながら樹形をつくる。
● 冬の剪定では徒長枝を切り戻し、細い枝を間引く。

剪定カレンダー

12	11	10	9	8	7	6	5	4	3	2	1
落葉									芽吹き		
				花芽分化		実	花				
				剪定					剪定		

花や香りを楽しむ
● 落葉高木
● ハナミズキ・ヤマボウシ／スモークツリー

切り戻して樹形をコンパクトにする

Before 枝が勢いよく伸び出して樹形が乱れている。 [剪定前]

更新する枝

1 太い枝を切り戻す
太すぎる幹芯や枝は新しい枝があるところまで切り戻し、枝を更新する。

2 切り戻してわき芽を伸ばす
小枝を少ないところは、枝を芽の上で切り戻してわき芽を伸ばすようにする。

After コンパクトにまとまった。切り戻してわき芽をふやす剪定を繰り返して、少しずつ樹形をつくっていく。 [剪定後]

ムケゲ

アオイ科 落葉高木

ハイビスカスに似た一日花が夏の間中咲き続ける

どんな木?

トロピカルな大輪の一日花が、夏の間3か月以上にわたって次々に咲き続けます。花色はピンク、白、紫で、一重、八重、半八重、バラ咲きと種類が豊富です。

管理のコツ

夏咲きの花木の中で最も耐寒性があり、庭植えで楽しめます。開花期が長いので3～7月に2～3回肥料を施します。

花の中心が赤い底紅タイプ

花色: 白、ピンク／紫

主な仕立て方: 自然樹形／生け垣／スタンダード

樹形と大きさ: 1.5～3m 扇形 1～2.5m

剪定のコツ

● 放任しても花は咲くが、大きくなりすぎるので、芽吹き前に思い切って切り戻す。切り戻した後に伸びる新梢に花芽がつくので、花芽を切り落とす心配がない。

● 萌芽力が強く、強く刈り込んでもよく花が咲く。生け垣に仕立てる場合はP26～28参照。

● 下の枝を落としてスタンダード仕立てにするとコンパクトに楽しめる。

剪定カレンダー

12	11	10	9	8	7	6	5	4	3	2	1
				花		花芽分化		芽吹き			
								剪定			

切り戻してコンパクトに樹形を整える

剪定前

Before
芽吹き前の株。高さ、横幅とも大きくなりすぎているので思い切って切り戻す。

1 幹芯を切り戻す
幹芯を枝や芽のあるところまで切り戻して高さを抑える。

花や香りを楽しむ ● 落葉高木 ● ムクゲ

剪定後

After
剪定直後（上）の株。思い切って切り戻したことで、だいぶコンパクトにまとまった。下は芽吹き後の株。新しく伸び出した枝に花芽がつく。

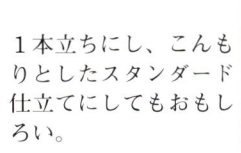

1本立ちにし、こんもりとしたスタンダード仕立てにしてもおもしろい。

2 外枝を切り取る
外に向かって伸びる枝をつけ根から切り取って、横の広がりを抑える。

芽

3 長い枝を切り戻す
長い枝を芽の上まで切り戻す。

4 虫喰い枝を切り取る
虫の被害にあった枝は元から切り取って処分する。

サルスベリ

ミソハギ科 / 落葉高木

夏の青空に花穂状の豪華な花が映える

枝の先端に花穂状の花が咲く

どんな木?

光沢のあるなめらかな幹肌が名前の由来です。夏の暑さに負けず、枝先に鮮やかなピンクや白い花穂状の花を長期間咲かせます。枝先を握りこぶしのようにする「握り仕立て」が人気でしたが、最近は自然樹形で楽しむ人も増えています。

管理のコツ

うどんこ病が発生しやすいですが、最近は耐病性の強い品種も出てきています。

花色 白、ピンク、紫

主な仕立て方 スタンダード、自然樹形

樹形と大きさ 3〜5m、半球形、2〜4m

剪定のコツ

- 花芽は芽吹き後にできるので、冬から春にかけて強剪定しても花芽を切り落とす心配がない。
- 赤花系は横張り型、白花系は直立型の樹形になるので、樹形に合わせた剪定をする。
- 握り仕立てにする場合は、前年に伸びた枝をつけ根から切り取る剪定を繰り返す。固い印象になるので、細い枝は切り落とし、枝2〜3本を1/3まで切り戻す半自然形にするとよい。

剪定カレンダー

12	11	10	9	8	7	6	5	4	3	2	1
落葉			花			花芽分化		芽吹き		剪定	

Before 剪定前

芽吹き前の赤花系の株。横張り型なので、自然樹形を生かすように剪定する。

切り戻して自然樹形に整える

1 平行枝を間引く

何本も枝が平行に出ているところは、不要な枝を間引く。写真では幹の下のほうの平行枝をすべて元から切り取った。

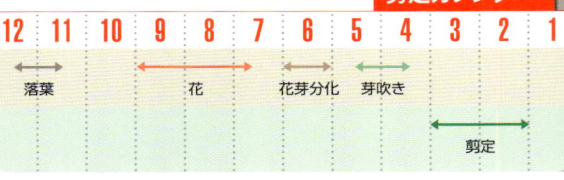

Part3 人気の庭木・花木の剪定

花や香りを楽しむ
- 落葉高木
- サルスベリ

2 返り枝を切り取る
株の内側に向かって伸びる流れの悪い返り枝を元から切り取る。

3 小枝を間引く
小枝が込み合っているところは、不要な枝を元から切り取って透かす。

3〜5cm
芽

4 枝を切り戻す
1本の太い枝に2〜3本ずつ枝を残して残りは間引く。残した枝は3〜5cmの長さになるように芽の上で切り戻す。

After 切り戻してコンパクトになった。剪定後に伸び出した枝先に花芽ができる。

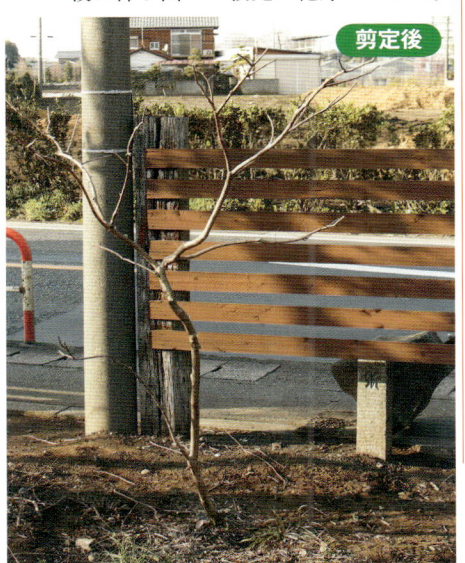

剪定後

剪定の5か月後。剪定後に伸びた枝先にピンクの花が咲いている。

握り仕立ての剪定

前年に伸びた枝（前年枝）をつけ根から切り、強い新梢を吹かせる剪定を繰り返すと枝先がこぶし状になります。これを「握り仕立て」といいます。サルスベリによく見られる仕立て方ですが、徐々に固い印象になってくるので、前年枝を2〜3本を残して1/3まで切り戻し、分枝させると、半自然形の樹形になります。弱々しい細い枝は元から切り取ります。

前年枝

1/3まで切り戻して分枝させる

弱々しい枝は元から切り取る

下枝を全部切り取ったスタンダード仕立て。鉢植えでも楽しめる。

モクレン

モクレン科 / 落葉高木

早春に甘い香りの白やピンクの花が咲く

花や香りを楽しむ
● 落葉高木 ● サルスベリ／モクレン

満開のシモクレン

どんな木？

大きな白花のハクモクレン、紫色の花が咲くシモクレン、ピンク花のサラサモクレンなどがあり、一般によく出回るのはシモクレンです。シモクレンは幼木のうちは直立しますが、2mを超すと横張り形になります。

管理のコツ

落葉期間中なら植えつけ、移植とも容易です。病害虫の心配はとくにありません。

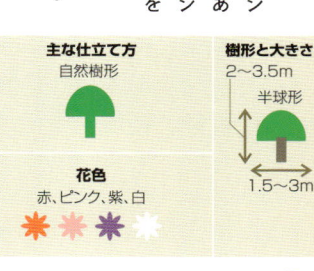

主な仕立て方　自然樹形
樹形と大きさ　2〜3.5m／半球形／1.5〜3m
花色　赤、ピンク、紫、白

剪定のコツ

●木が若いうちはひこばえがよく出るので、1本立ちにするか株立ちにするかを決めて、不要なひこばえは元から切り取る。コンパクトに仕立てたい場合は1本立ちが向く。

●花をたくさん咲かせすぎると、翌年に花が少なくなる隔年開花性があるので、花芽が多くつきすぎたら間引き剪定をする。

剪定カレンダー

12	11	10	9	8	7	6	5	4	3	2	1
落葉 →←					花芽分化 →←			花芽吹き →←			
								剪定 →←		剪定 →←	

樹形をコンパクトにする剪定

Before 剪定前

横張り形のシモクレンの株。上部が重たい印象で、重心が右に傾いているので、剪定で枝数を減らしてバランスを整える。

1 幹吹き枝を切り取る

不要な幹吹き枝を元から切り取る。

2 太すぎる枝を間引く

うねりのある枝の流れを生かすために、太くて固い印象の枝はつけ根から間引く。

3 細かい枝を間引く

細かい枝が込み合っているところは、不要な枝を元から間引いて透かす。

After 剪定後

上部を透かして軽くなったことで、傾きもだいぶ解消された。

ユキヤナギ

バラ科

落葉中低木

春に雪のような白い小花が枝いっぱいに咲く

細長い枝に無数の白い小花が咲く

どんな木?

枝に雪が積もったように白い小さな花がたくさん咲きます。細く枝垂れる枝にも風情があります。ピンク花のベニバナユキヤナギ、葉が黄緑色のオウゴンユキヤナギなどもあります。

管理のコツ

日当たりがよく、有機質に富んだ水はけのよい場所を好みます。風通しが悪いとうどんこ病が発生しやすいので、枝を透かして風通しのよい環境を心がけます。

花色	主な仕立て方	樹形と大きさ
白	自然樹形	1〜1.5m 株立ち 1〜1.5m

剪定のコツ

- 花後すぐに剪定する。落葉期の剪定は、花芽を確認しながら。
- 古い枝や勢いの強すぎる枝は新しい枝に更新する。太くて固い枝を整理して細くしなやかな枝ぶりを生かす。
- 萌芽力が強いので芽がないところで切り戻してもよい。
- 花がたくさん咲いた枝の先端を切り取る。
- 不要なひこばえを元から切る。

剪定カレンダー

12	11	10	9	8	7	6	5	4	3	2	1
	落葉		花芽分化					花 芽吹き			
								剪定		剪定	

樹形を整える花後の透かし剪定

Before

剪定前

花が終わったばかりの株。大株になり、枝がしげって風通しが悪い。病害虫が発生しやすいので、透かして樹形を整えながら風通しをよくする。

1 枝を更新する

古い枝／新しい枝

色の変わった古い枝を新しい枝があるところまで切り戻して、枝を更新する。新しい枝がない場合は、元から切り取ってもよい。

Part3 人気の庭木・花木の剪定　156

花や香りを楽しむ
- 落葉中低木
- ユキヤナギ

4 枝先を切り落とす
花がたくさん咲いた枝先は、来年は花が咲かないので切り落とす。

5 ふところ枝を切り取る
ふところの弱々しい枝は花が咲かないので元から切り取って風通しをよくする。

2 太すぎる枝を間引く
太すぎる枝や勢いのよすぎる枝を切り戻すか元から切り取って間引く。固い印象の枝を整理することで、しなやかな樹形にする。

3 込み合った枝を間引く
細い枝が絡み合ったり込み合ったりしている部分を間引いて透かす。

After　剪定後
扇形の樹形に整った。不要な枝を透かしたことで風通しもよくなった。数年に一度、株元まで切り戻すと樹形がコンパクトになる。

コデマリ

バラ科 落葉中低木

鞠状の白い花が枝垂れた枝にたくさん咲く

白い小花が枝垂れた枝に固まって咲く

どんな木？
ユキヤナギよりも大きめの白い花が鞠状に咲きます。別名スズカケとも呼ばれます。花の重みで枝がアーチ状に枝垂れて咲く姿が優雅です。八重咲きのヤエコデマリや新梢が黄色いキンバコデマリもあります。

管理のコツ
寒さや病害虫に強く丈夫で育てやすい花木です。日当たりと風通しがよく、水はけ、水もちのよいやや湿った場所を好みます。

花色	主な仕立て方	樹形と大きさ
白	自然樹形	1～1.5m 株立ち 1.5～2m

剪定のコツ
●花後すぐに剪定する。
●古い枝や勢いのよすぎる枝は新しい枝に更新する。太くて固い枝は整理してしなやかな枝ぶりを生かす。
●勢いのよい新梢には花が咲かないので、切り戻して分枝させると花芽がつく。
●落葉期の剪定は、花芽を確認しながら。大きくなりすぎたら、数年に一度、株元まで切り戻す。
●内部の弱々しい枝は枯れ込むので切り取る。

剪定カレンダー
12	11	10	9	8	7	6	5	4	3	2	1
			花芽分化				花				
剪定						剪定				剪定	

樹形を整える花後の透かし剪定

剪定前

Before 花後の株。大株になり、枝が伸びて樹形が乱れている。透かしながら半球形に整える。

1 枝を更新する
色の変わった古い枝をつけ根まで切り戻して新しい枝に更新する。

2 内部の弱々しい枝を整理する
内部の弱々しい枝は枯れ込むので元から切り取って風通しをよくする。

花や香りを楽しむ ● 落葉中低木 ● コデマリ

剪定後

After 半球形に樹形が整った。

3 新梢を切り戻す
勢いのよすぎる新梢には花が咲かないので、切り戻して分枝させると花がつく。

4 枝先を切り落とす
花がたくさん咲いた枝先は、来年は花が咲かないので切り落とす。

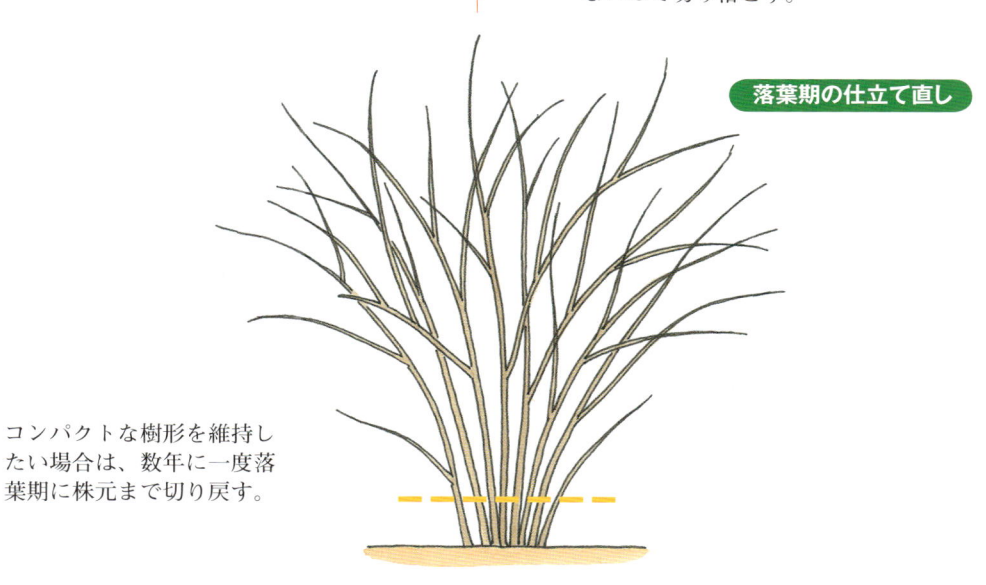

落葉期の仕立て直し

コンパクトな樹形を維持したい場合は、数年に一度落葉期に株元まで切り戻す。

シモツケ

バラ科
落葉中低木

初夏にピンク色の可憐な花が咲く。寄せ植えにも人気

ユキヤナギやコデマリと同じバラ科の花木

どんな木?

ピンク色の花が一般的ですが、白花や濃い紅色の花もあり、葉が美しいオウゴンシモツケも人気です。狭い場所でも育つので、寄せ植えのコンテナガーデンにも向いています。

管理のコツ

丈夫で育てやすく、日なたか、明るい日陰でも育ちます。うどんこ病が発生するので、枝を透かして風通しのよい環境を心がけます。

主な仕立て方：自然樹形
花色：ピンク、白
樹形と大きさ：0.5〜1m 株立ち 0.5〜1m

剪定のコツ

- 花後すぐに剪定する。花後の剪定では、萌芽力が強いのでどこで切ってもよい。
- 枯れ枝が出やすいので、整理して風通しをよくする。
- 株元の細い枝、弱々しい枝は枯れ込むので早めに元から切り取る。
- 株が大きくなりすぎた場合は、数年に一度株元まで切り戻す。

剪定カレンダー

12	11	10	9	8	7	6	5	4	3	2	1
落葉		花芽分化			花			芽吹き			
			剪定						剪定		

樹形をコンパクトに抑える落葉期の切り戻し

Before
落葉中の株。花後に剪定を行わなかったため、株が大きくなりすぎている。

剪定前

1 ひこばえを切り取る
全体に枯れ枝を切り取って整理し、弱々しいひこばえを元から切り取って間引く。

2 芽の上で切り戻す
いい芽のあるところで切り戻して、樹形をコンパクトに抑える。

剪定後

After
だいぶ小さくなった。今年の花数は減ってしまうが、数年に一度思い切って切り戻すとコンパクトな樹形を保つことができる。

ボケ

バラ科 / 落葉中低木

品種が多く、花色や花形が豊富。盆栽や切り花でも人気

クサボケの花

どんな木？
中国産の数種と、日本産のクサボケがあり、その園芸品種や交配種が数多くあります。花は一重、八重、半八重があり、品種によって開花時期が異なります。

管理のコツ
日当たり、風通し、水はけ、水もちのよい場所を好みます。日当たりが悪いと花つきが悪くなります。アブラムシやハマキムシに注意します。

主な仕立て方: 自然樹形
樹形と大きさ: 1～2m、株立ち 1～1.5m
実色: 茶
花色: 白、ピンク、赤、黄

剪定のコツ
- 花後に伸びすぎた枝を切り戻し、込み合った枝や絡まった枝を間引く。
- 古い枝や枯れ枝を元から間引く。
- 不要なひこばえは元から切る。

剪定カレンダー
12	11	10	9	8	7	6	5	4	3	2	1
	落葉		花芽分化					花			
		花						芽吹き			
剪定								剪定		剪定	

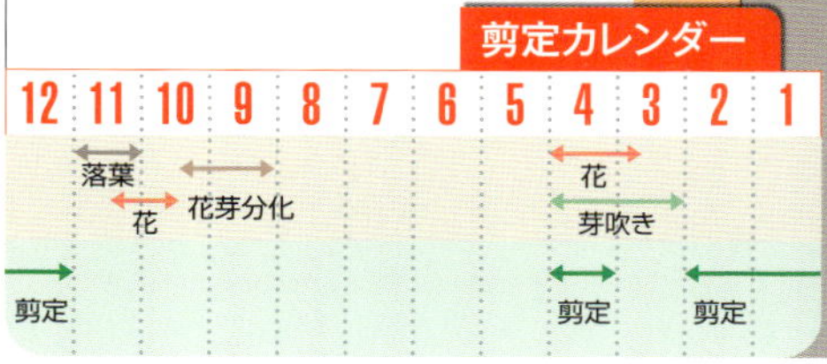

樹形を整える花後の剪定

花や香りを楽しむ ● 落葉中低木 ● シモツケ／ボケ

Before 剪定前
花後の株。写真は枝が横にはうクサボケの系統。枝が伸びすぎて樹形が乱れている。

1 伸びた枝を切り戻す
長く伸びすぎた枝を深めに切り戻す。

2 古い枝を切り取る
古い枝や枯れた枝を元から切り取る。そのほか、絡み枝や交差枝なども間引いて整理する。

After 剪定後
低半球形に樹形が整った。

ハナカイドウ

バラ科　落葉中低木

濃いピンクの花が木いっぱいに咲くリンゴの仲間

ピンクの花がぶら下がるように咲く

どんな木?
花が咲き進むにつれて、濃いピンク色から淡い桃色に花色が変わります。八重咲きのヤエカイドウ、枝垂れ性のシダレカイドウもあります。

管理のコツ
新芽のころにアブラムシ、葉が展開するころにグンバイムシが発生するので、殺虫剤を散布します。梅雨明けにはハダニが発生するので葉の裏にも水をかけて防除します。

主な仕立て方　自然樹形
樹形と大きさ　1.5〜3m　半球形　0.8〜2m
花色　ピンク

剪定のコツ
●枝の出る位置や方向が不規則で暴れやすいが、不要枝を切りすぎると徒長枝が際限なく出る。多少の枝の暴れは見逃し、切り戻して枝数を増やす。花は短枝の先につく。
●切り戻すときは外芽の上で切る。
●うねりのある幹立ちを見せるようにする。

剪定カレンダー

12	11	10	9	8	7	6	5	4	3	2	1
落葉				花芽分化			芽吹き	花			
剪定								剪定			

Before
枝が四方に伸びてかなり暴れている。枝や葉が込み合って幹立ちが見えない。

剪定前

花後の切り戻し剪定

1 交差枝を間引く
枝が交差しているところは、どちらか一方を元から切り取る。

2 切り戻す
長い枝は芽の上で切り戻して、花がつく短枝を伸ばすようにする。

剪定後

After
樹形が整い、全体に透かしたことで幹立ちも見えるようになった。

Part3 人気の庭木・花木の剪定

アジサイ

アジサイ科

落葉中低木

梅雨時を彩る貴重な花木。花色や花形が豊富

手まり咲きのハイドランジア

どんな木?

日本のアジサイを元に品種改良され、ヨーロッパから逆輸入された豪華なアジサイを西洋アジサイ（ハイドランジア）、日本に自生するアジサイをヤマアジサイと呼びます。園芸品種が多く、花形はガク咲きと手まり咲きがあります。

管理のコツ

西洋アジサイは日なたを好みますが、ヤマアジサイは日陰に耐えます。

主な仕立て方：自然樹形 
樹形と大きさ：低卵形　1〜1.5m／0.8〜1.5m 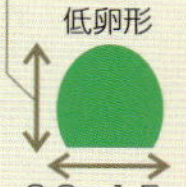
花色：白、ピンク、赤、紫、青

剪定のコツ

● 花色があせたら、上から2〜3節目の芽の上で切り戻す。花芽はつけ根から伸びた枝につく。
● 大きくなりすぎたら、翌年の花をあきらめて全体を強く切り戻してもよい。
● 落葉期の剪定は、不要な枝や枯れ枝を間引くだけにし、切り戻しはしない。

剪定カレンダー

12	11	10	9	8	7	6	5	4	3	2	1
落葉			花芽分化			花		芽吹き			
					剪定				剪定		

花や香りを楽しむ

- 落葉中低木
- ハナカイドウ／アジサイ

Before

花が終わりがかったガク咲きの西洋アジサイ。花がらつみを兼ねて切り戻し、コンパクトにする。

剪定前

花後の切り戻し剪定

花がらのついた枝を切り戻す

花から2〜3節目の芽の上で切り戻す。葉のつけ根から伸びた枝に花芽ができる。

After

全体を切り戻してコンパクトになった。ヤマアジサイの場合は小型で成長が遅いので、花がらをつむ程度にし、毎年切り戻す必要はない。

剪定後

ウツギ

アジサイ科　落葉中低木

白やピンクの清楚な花が人気。注目の花木

純白の花がいっせいに咲く

どんな木?

空木（うつぎ）の名の通り、枝が古くなると中が空洞になります。一重咲きの白花が一般的ですが、八重咲きの白花もあります。株立ちになり、枝先が緩いカーブを描いて湾曲します。湾曲した枝から出る新梢に花穂（かすい）がたくさんつきます。

管理のコツ

病害虫の心配はありません。大きくなりすぎないように肥料は施しません。

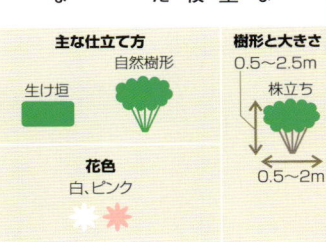

主な仕立て方
生け垣／自然樹形

樹形と大きさ
0.5～2.5m　株立ち　0.5～2m

花色
白、ピンク

剪定のコツ

- 花後すぐに剪定を行うと花芽を切り落とす心配がない。落葉期は不要な枝の間引きや、軽い剪定にとどめる。
- 株元から次々に幹が立ち上がるので、不要な幹や古い幹は元から切り取る。
- 刈り込みに強いので生け垣にも利用できる。

剪定カレンダー

12	11	10	9	8	7	6	5	4	3	2	1
落葉				花芽分化		花		芽吹き			
						剪定			剪定		

落葉期の透かし剪定

Before
落葉中の株。強く切り戻すと花芽を切り落としてしまうので、不要な枝の間引きのみ行う。

剪定前

1 不要な幹を元から切り取る
株立ちの幹が多すぎる場合は、上部が絡んでいる幹や枯れた幹、古い幹を元から切り取って間引く。

2 横に広がる枝を切り取る
樹形をコンパクトに抑えたい場合は、横に広がりすぎる枝をつけ根から切り取る。

3 込み合った枝を間引く
1か所から何本も枝が出ているところは、元から切り取って本数を減らす。 

After
幹や枝の数が減ってだいぶすっきりした。横の広がりも抑えられた。

剪定後

Part3 人気の庭木・花木の剪定

バイカウツギ

アジサイ科 ／ 落葉中低木

ウメに似た香りのよい純白の花が楽しめる

丸弁のウメに似た花が名の由来

どんな木?

アジサイやウツギと同じユキノシタ科の庭木です。西洋バイカウツギと言われる香りのよい底紅タイプの〝ベル・エトワール〟も人気です。葉色の明るい品種や斑入り品種もあります。

管理のコツ

新梢が大きくカーブを描いて横に広がるので、十分なスペース（1.5m四方以上）が確保できる日当たりのよい場所に植えつけます。

主な仕立て方
自然樹形

花色
白

樹形と大きさ
1～1.5m
株立ち
1.2～1.8m

剪定のコツ

● 花後すぐに花がらつみを兼ねて切り戻す。
● 花つきをよくするなら放任してもよいが、大きくなりすぎるので、花後に花つきの悪い古い枝を間引き、徒長枝を切り戻す。
● 花よりも樹形を優先して強く刈り込む場合は、春の芽吹き前に行う。

剪定カレンダー

12	11	10	9	8	7	6	5	4	3	2	1
落葉		花芽分化			花			芽吹き			
					剪定				剪定		

花や香りを楽しむ
● 落葉中低木
● ウツギ／バイカウツギ

花後の切り戻し剪定

Before 花後の株。枝が横に広がってスペースを取っている。

剪定前

1 古い枝を切り戻す
花つきの悪い古い枝を切り戻す。枝が太い場合はノコギリを使用する。

2 枝を透かす
枝が込み合っているところは、枝を間引いて透かす。花がらのついている枝も花がらつみを兼ねて切り取って透かす。

After 強めに透かしてかなりコンパクトになった。

剪定後

タニウツギ

スイカズラ科　落葉中低木

清楚な白い小花がたくさん咲く

薄ピンク色の可憐な花が人気

どんな木？

谷間に多く生えることが名前の由来。ユキノシタ科のウツギやバイカウツギとは異なり、スイカズラ科の花木です。仲間にハコネウツギ、シロバナウツギ、コネウツギなどがあり、葉が観賞できる斑入り種などもあります。

管理のコツ

実がつきやすいので、株の消耗を防ぐため、早めにつみ取ります。

花色	主な仕立て方	樹形と大きさ
白、ピンク	自然樹形	1.2〜2.5m 扇形 1.5〜2.5m

剪定のコツ

- 放任してもさほど樹形は乱れない。枝や葉が込み合ってきたら透かして整える。
- 太すぎる枝、細すぎる枝を間引いて枝の太さを均一にする。
- 立ち枝が出やすいので不要なら元から切り取る。
- 新梢には花芽がつきにくいので、切り戻して分枝させる。
- 横に湾曲して広がる枝ぶりを生かして樹形に整える。

剪定カレンダー

12	11	10	9	8	7	6	5	4	3	2	1
落葉			花芽分化				花				
					剪定					剪定	

花後の透かし剪定

Before 剪定前

花後の株。写真は斑入り種。新梢が伸び出して樹形がやや乱れた印象。

1 立ち枝を切り取る

新梢は立ち枝になりやすいので、不要なら元から切り取る。

Part3 人気の庭木・花木の剪定

花や香りを楽しむ ● 落葉中低木 ● タニウツギ

4 込み合った部分を透かす
細かい枝が込み合っている部分は、不要な枝を元から切り取って透かす。

5 先端を止める
新梢の先端を切り戻して樹形を整える。

After
透かしたことでボリュームが軽くなった。切り立てに見えないように、やさしい自然な雰囲気に仕上げるのがコツ。

剪定後

2 古い枝を間引く
古い枝、太すぎる枝を間引いて、枝の太さを均一にする。

古い枝

3 長い枝を切り戻す
樹冠のラインから飛び出ている長い枝は切り戻して分枝させる。

ロウバイ

ロウバイ科　落葉中低木

年末から年明けにかけて香りのよい花が咲く

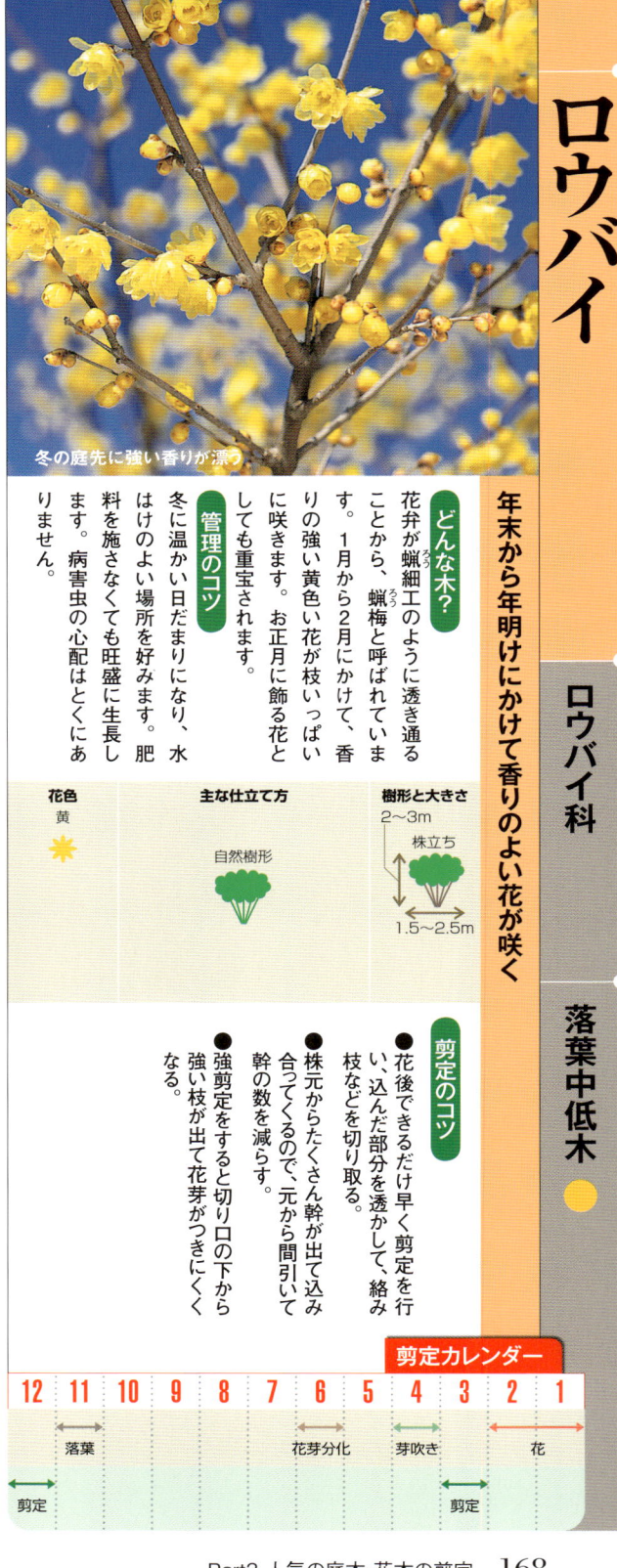

冬の庭先に強い香りが漂う

どんな木？

花弁が蝋細工のように透き通ることから、蝋梅と呼ばれています。1月から2月にかけて、香りの強い黄色い花が枝いっぱいに咲きます。お正月に飾る花としても重宝されます。

管理のコツ

冬に温かい日だまりになり、水はけのよい場所を好みます。肥料を施さなくても旺盛に生長します。病害虫の心配はとくにありません。

花色　黄

主な仕立て方　自然樹形

樹形と大きさ　2〜3m　株立ち　1.5〜2.5m

剪定のコツ

- 花後できるだけ早く剪定を行い、込んだ部分を透かして、絡み枝などを切り取る。
- 株元からたくさん幹が出て込み合ってくるので、元から間引いて幹の数を減らす。
- 強剪定をすると切り口の下から強い枝が出て花芽がつきにくくなる。

剪定カレンダー

1	2	3	4	5	6	7	8	9	10	11	12
花	花	芽吹き	芽吹き		花芽分化	花芽分化				落葉	落葉
剪定	剪定									剪定	剪定

剪定前

Before 株元から新しい幹がたくさん出て込み合っている。

樹形を整える花後の透かし剪定

1 幹を間引く

新しく伸びた幹や古い幹を元から切り取って間引く。

Part3 人気の庭木・花木の剪定

花や香りを楽しむ
● 落葉中低木
● ロウバイ

2 枝を更新する

古い枝は新しい枝があるところで切り戻し、更新する。

新しい枝

5 枝を透かす

細かい枝が込み合っている部分は、不要な枝を元から切り取って透かす。

3 立ち枝を切り取る

芽のない立ち枝は元から切り取る。

4 内向枝を切り取る

株の内側に伸びる不要な枝を元から切り取る。

After

間引きや透かし剪定をしたことでだいぶすっきりした。

剪定後

ドウダンツツジ

ツツジ科

落葉中低木

下向きの小さな花が咲く。新芽や紅葉も魅力

スズランに似た下向きの花がいっせいに咲く

どんな木?

春にスズランに似た壺型の花が枝いっぱいに咲きます。赤みを帯びた新芽や秋の燃えるような紅葉も美しく、落葉後の繊細な枝ぶりも楽しめます。

管理のコツ

日当たり、水はけのよい場所を好みます。夏に水切れさせると葉が落ちるので、乾かしすぎに注意します。

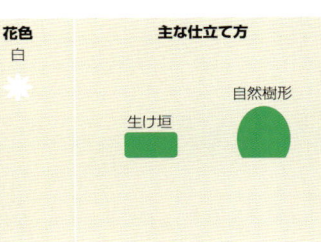

花色	主な仕立て方	樹形と大きさ
白	生け垣／自然樹形	低卵形 1〜2m／0.8〜1.2m

剪定のコツ

● 萌芽力が強く、細かい枝が車枝状に出るので刈り込みに向く。
● 刈り込み剪定のみを繰り返すと、内部の枝や葉が蒸れて枯れ込むので、落葉期の透かし剪定と花後の刈り込み剪定を交互に行うのが理想的。
● 落葉期の透かし剪定では、太すぎる枝や細すぎる枝を抜き、枝の太さを均一にする。

剪定カレンダー

1	2	3	4	5	6	7	8	9	10	11	12
芽吹き		花			花芽分化				紅葉		落葉
剪定					剪定						剪定

落葉期の透かし剪定

剪定前

Before
落葉中の株。枝が伸び出して樹形がくずれている。小枝が込み合って風通しが悪い状態。

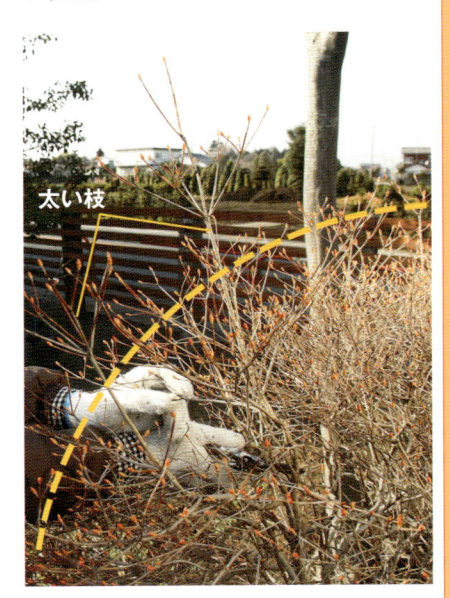

1 太い枝を間引く

太い枝

太すぎる枝をつけ根から間引く。樹冠のラインから飛び出している長い枝も深めに切り戻す。

Part3 人気の庭木・花木の剪定

花や香りを楽しむ

● 落葉中低木 ● ドウダンツツジ

1 飛び出している枝を刈り込む

樹冠のラインから飛び出している枝を刈り込みバサミで切り戻す。

2 全体を刈り込む

上部、側面の順に全体を刈り込んでいく。株が古く萌芽力が弱い場合は浅めに刈り込む。

こんもりとした低卵形に樹形が整った。落葉期に透かし剪定をしているので、内部も蒸れにくい。

剪定後

花後の刈り込み剪定

2 小枝を透かす

小枝が込み合っているところは、弱々しい枝や枯れ枝、立ち枝などを元から切り取って間引く。

After 樹形が整った。小枝を透かしたので、風通しがよくなった。

剪定後

ヒュウガミズキ

マンサク科　落葉中低木

早春に淡い黄色の小花が枝にぶら下がって咲く

淡い黄色の可憐な小花が密に咲く

どんな木?

福井、京都、兵庫の北部のみに自生し、早春に芽吹く前に黄色い小花が枝いっぱいに咲きます。庭木や生け垣のほか、切り花としても人気があります。よく似た仲間にトサミズキがあります。

管理のコツ

日当たりを好み、丈夫で育てやすい花木です。

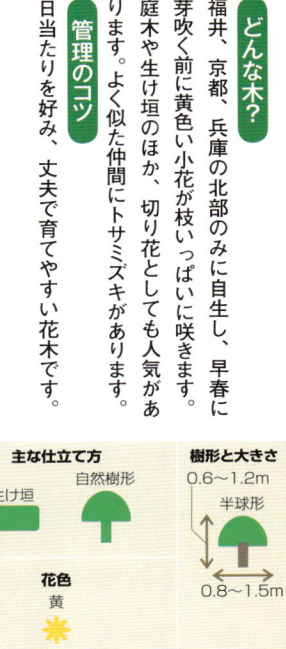

主な仕立て方：生け垣／自然樹形

樹形と大きさ：0.6～1.2m　半球形　0.8～1.5m

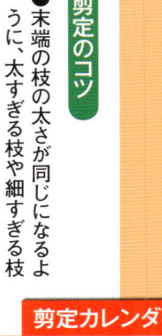

花色：黄

剪定のコツ

● 末端の枝の太さが同じになるように、太すぎる枝や細すぎる枝を間引いて透かす。
● 太くて古い枝は新しい枝のあるところまで切り戻して更新する。
● 伸びすぎの小枝は樹冠のラインに沿って切り戻す。
● 切り戻すときは外芽の上で切る。

剪定カレンダー

12	11	10	9	8	7	6	5	4	3	2	1
落葉			花芽分化					芽吹き	花		
	剪定							剪定			

落葉期の透かし剪定

Before　枝が伸びて扇形に樹形が広がっている。太い枝と細い枝が混在して、枝の太さが均一でない。

剪定前

1 枝を更新する
古くて太すぎる枝は新しい枝があるところまで切り戻して更新する。

新しい枝

2 先端を切り戻す
枝の先端を樹冠のラインに沿って外芽の上で切り戻す。

After　半球形に樹形が整い、枝の太さも均一になった。

剪定後

Part3 人気の庭木・花木の剪定　172

レンギョウ

モクセイ科

落葉中低木

春を代表する花木のひとつ。生育旺盛で育てやすい

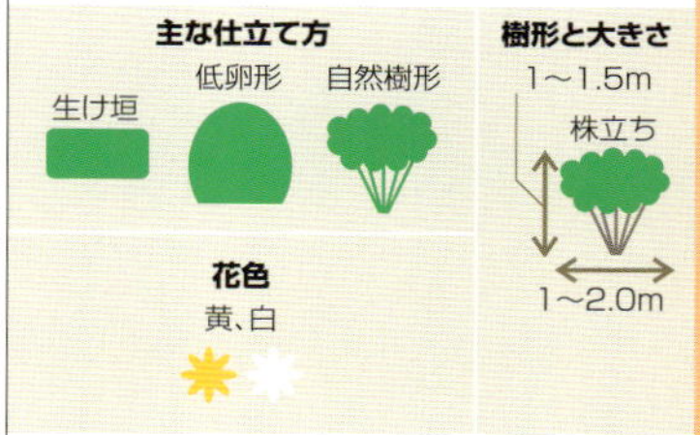

数多く出回っているチョウセンレンギョウ

どんな木？

黄色い鮮やかな花が春の訪れを告げます。旺盛に枝を伸ばして枝垂れます。刈り込みにも強いので、生け垣などに仕立てても楽しめます。白花種もあります。

管理のコツ

日当たり、水はけのよい場所を好みます。乾燥や過湿で成長が衰え、日当たりが悪いと花数が減ります。病害虫の心配はとくにありません。

主な仕立て方: 生け垣／低刈形／自然樹形

樹形と大きさ: 1～1.5m　株立ち　1～2.0m

花色: 黄、白

剪定のコツ

- 花後すぐに剪定を行うと花芽を切り戻す心配がない。
- 萌芽力が強いので刈り込み剪定をしてもよい。透かし剪定と交互に行うのが理想。
- 勢いよく伸び出した新しい枝は強めに切り戻して分枝させる。
- 数年に一度株元まで切り戻して株全体を更新してもよい。

剪定カレンダー

12	11	10	9	8	7	6	5	4	3	2	1
	落葉		花芽分化			新緑		花芽吹き			
	剪定					剪定				剪定	

樹形を整える花後の切り戻し

Before
花後の株。新梢が伸び出して樹形が乱れている。

剪定前

1 弱々しい枝を切り取る
株元の弱々しい枝を元から切り取る。

2 新しい枝を切り戻す
勢いよく伸び出した新しい枝は樹冠のラインより深めに切り戻す。

After
半球形に樹形が整った。株が若いうちにコンパクトに抑えておくと、大きくなりすぎない。

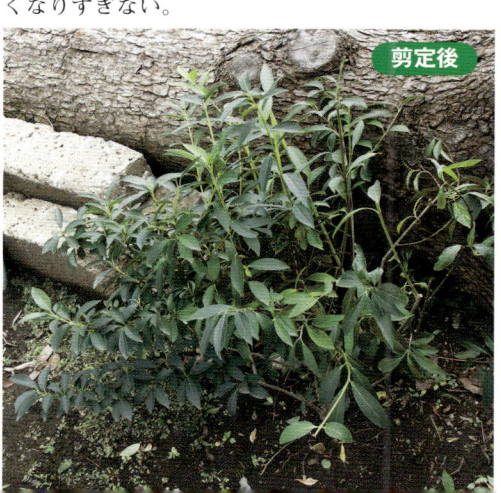

剪定後

花や香りを楽しむ
- 落葉中低木
- ヒュウガミズキ／レンギョウ

ライラック

強い芳香と固まって咲くピンクや白の花が楽しめる

モクセイ科

落葉中低木

枝の先端に花が咲く

どんな木?
春に香りのよいピンクや白の小花が固まって咲きます。寒冷地を好むので、暖地で育てる場合は"桃源"や矮性種のヒメライラックなどがおすすめです。

管理のコツ
高温多湿を嫌うので、暖地で育てる場合は品種選びが重要です。カミキリムシや若葉を食べるスズメガに注意します。

主な仕立て方　自然樹形
樹形と大きさ　2〜4m　倒卵形　1.5〜3m
花色　白、ピンク

剪定のコツ
- 開花前に長すぎる枝を切り戻して樹形を整える。芽の少ない枝は切り落とす。
- 花後に切り戻しを兼ねて花がらを切り落とす。
- つぎ木苗の台芽はすぐに切り取る。

剪定カレンダー

12	11	10	9	8	7	6	5	4	3	2	1
←落葉→					←花芽分化→		←花→		←芽吹き→		
						←花がらつみ→			←剪定→		

落葉期の透かし剪定

Before
落葉期の株。枝数が多く込み合った印象。

剪定前

1 枝を間引く
1か所から複数の枝が出ている場合は、何本かを間引いて透かす。残す枝の太さが均一になるようにする。

2 ふところ枝を切り取る
細かいふところ枝は枯れ込みやすいので元から切り取る。

剪定後

After
全体に透かしたのでボリュームが軽くなった。枝ぶりがよく見えるようになった。

Part3 人気の庭木・花木の剪定

フヨウ

アオイ科 / 落葉中低木

真夏に大輪の一日花が絶え間なく咲く

ハイビスカスに似た花が次々に咲く

どんな木?
ハイビスカスやムクゲと同じアオイ科で、初夏から秋まで、やわらかい花弁の大きな花を次々に咲かせます。朝開いて夕方にはしぼむ一日花です。夏の暑さに強い花木として重宝します。

管理のコツ
日当たり、水はけがよく、湿り気のある場所を好みます。アブラムシやハマキムシに注意します。

主な仕立て方：自然樹形
花色：ピンク
樹形と大きさ：半球形　2～3m　1.5～2m

剪定のコツ
● 落葉期に下から2～3芽を残して、芽の1cm程度上で切り戻す。花芽は新しい枝が伸びた先端やわき芽に6～7月ころにできる。
● 大きく育てたい場合は、高さ1mくらいから分枝させる。

剪定カレンダー

12	11	10	9	8	7	6	5	4	3	2	1
落葉				花				芽吹き			
					花芽分化						
									剪定		

落葉期に地際で切り戻す

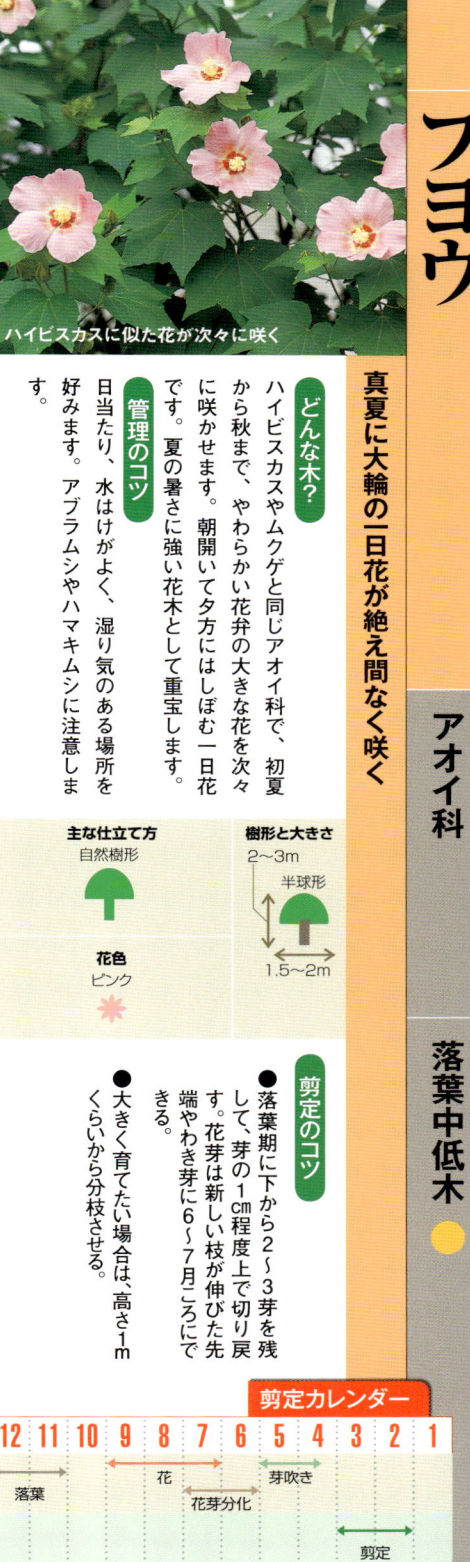

花や香りを楽しむ
● 落葉中低木　● ライラック／フヨウ

Before
落葉期の株。半耐寒性で、暖地では冬を越すが、寒冷地では枯死する場合がある。

剪定前

2～3芽残して切り戻す
下から2～3芽を残し、芽の1cm程度上でばっさり切り戻す。

1cm　芽

After
すべての枝を切り戻した。5～6月に伸びる新梢に花が咲く。

剪定後

フジ

マメ科　つる性落葉低木

香りよい花が房状に咲くおなじみの花木

ノダフジ系の"口紅藤"

どんな木?

藤棚に仕立てたり鉢栽培で楽しみます。4～5月にかけて、20～90cmにもなる豪華な花房と、香りが楽しめます。一般にフジと呼ばれるのはつるが右巻きのノダフジのことで、ほかに左巻きのヤマフジもあります。

管理のコツ

マメ科植物の特徴として、根粒菌でチッソ肥料成分をつくるので、チッソ分の少ない肥料を施します。

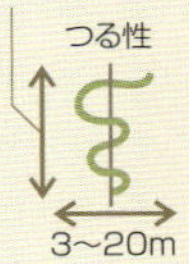

剪定のコツ

● つるを放置していると花芽がつかなくなる。徒長したつるを切り戻し、短枝を残す。
● 花芽と葉芽を見極めて花芽を残すように剪定する。
● つるが絡み合った枝には花がつかないので切り取る。
● 藤棚の場合は棚から浮いた枝をシュロ縄で棚へ引き戻す。
● 株を大きくしたくない場合は、豆果をつけておくと成長の抑制になる。

花色：白、紫
実色：茶

主な仕立て方：鉢仕立て／棚仕立て

樹形と大きさ：2.5～3m　つる性　3～20m

剪定カレンダー

12	11	10	9	8	7	6	5	4	3	2	1
落葉					花芽分化			花			
	豆果										
剪定				剪定（つるの先端）						剪定	

Before

剪定前

鉢植えのフジ。樹齢は20年くらい。つるが伸びて暴れている。

落葉期の切り戻し

1 枯れ枝を整理する

白く変色した枯れ枝を元から切り取る。

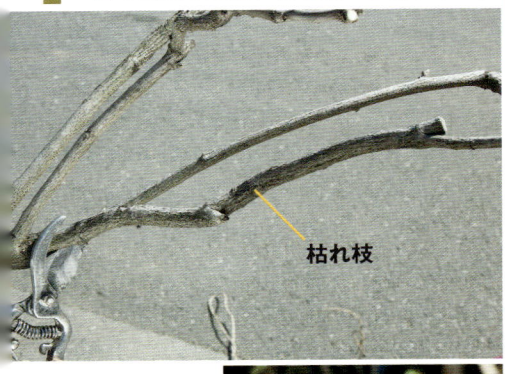

枯れ枝

枯れ枝

花や香りを楽しむ ●つる性落葉低木 ●フジ

4 内側に向かうつるを切り戻す

株の内側に向かって伸びるつるは、芽の上で切り戻す。

After 長いつるを切り戻し、短枝を残した。花は短枝に咲く。

剪定後

プロの技！

花を増やす花後のつみ取り

7月頃、伸びたつるの元のほうの葉がしっかりしてきたら、先端をつまんで止めると、細い枝にも花芽がつくようになります。

2 伸びたつるを切り戻す

伸びすぎたつるは花芽と葉芽を確認しながら、花芽を切り落とさないように切り戻す。大きくふくらんだのが花芽、小さく尖っているのが葉芽なので見分けがつく。

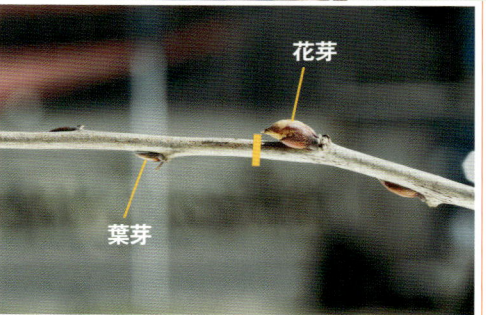

花芽

葉芽

3 絡んだつるを切り落とす

つるが絡み合っている部分には花が咲かないので切り落とす。

柑橘類

ミカン科　常緑高木

オレンジや黄色の果実が食用、観賞用として楽しめる

ユズの実

どんな木?
ウンシュウミカン、ナツミカン、ユズ、キンカン、レモンなどのミカン科の果樹を総称して柑橘類と呼びます。一般には夏から冬にかけて実を楽しみますが、種類によって異なります。常緑の葉や香りのよい白い花も魅力です。コンパクトな種類を選べば、鉢植えでも楽しめます。

管理のコツ
毎年よい実を穫るためには摘果をします。

花色　白
実色　オレンジ・黄
仕立て方　自然樹形
樹形と大きさ　半球形　1〜3m／1〜2m

剪定のコツ
- 実つきの悪い古くて太い枝を剪定して新しい枝に更新する。
- 太い枝から出る短枝に果実がつくので、長く伸びすぎた枝を切り戻して短枝を増やすようにする。
- 樹高を2mくらいにおさえると、剪定作業や収穫時に脚立が不要。
- トゲがあるので、剪定時に手袋を着用するなどケガに注意する。

剪定カレンダー
12	11	10	9	8	7	6	5	4	3	2	1
実	実	実	実	実		花	花	花			
花芽分化	花芽分化									花芽分化	花芽分化
			摘果	摘果	摘果				剪定	剪定	

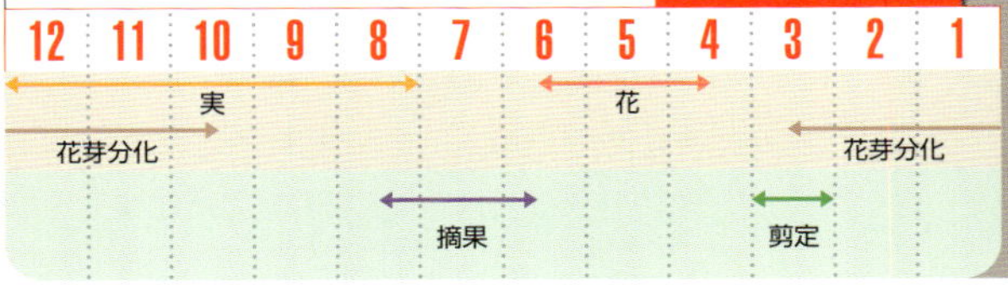

自然樹形を生かした透かし剪定

Before

一般のユズに比べ、株が若いうちから実がつくハナユ。一歳ユズとも呼ばれる。やや枝が込み合って日当たりや風通しが悪く、実つきも悪い状態。

古くて太い枝

1 古くて太すぎる枝を抜く
古くて太すぎる枝はほとんど実がつかないので、元から切る。強い枝を抜くことで、養分が他の枝にまわるようになる。

Part3 人気の庭木・花木の剪定　178

実を楽しむ
● 常緑高木 ● 柑橘類

2 枯れた枝を切り取る
枝の枯れた部分を切り取る。枯れた枝は白く変色しているので、容易に見分けがつく。

5 ふところ枝を切り取る
株の内側に出てきた弱々しい枝は自然に枯れてしまうので、早めに元から切り取ったほうが風通しがよくなる。

3 込み合った枝を間引く
込み合っている部分は、枝を間引いて日当たり、風通しがよくなるようにする。交差枝や平行枝を中心に間引く。

4 長すぎる枝を切り戻す
長すぎる枝は、樹冠のラインよりも深めに、枝分かれした枝のすぐ上で切り戻す。2mくらいの半球形になるように全体を整えると美しい。

After 全体のバランスを整え、不要な枝を整理したところ。病害虫の予防効果も高まった。

プロの技!

摘果で食味をアップ

果実がたくさんついたら、摘果をして果実の数を減らすようにします。一見もったいないようですが、摘果を行ったほうが果実の味がよくなり、株の消耗を防ぐ効果もあります。食用が目的ならウンシュウミカンは葉25～30枚に1個、ナツミカンは葉70～80枚に1個、ユズは葉8～10枚に1個、レモンは葉20～30枚に1個程度を残すように摘果します。

ヤマモモ

ヤマモモ科　常緑高木

夏に食用になる赤い実がつく。葉と木姿も魅力

赤く色づいた実をジャムや果実酒にして楽しむ

どんな木？

雄木と雌木があり、雌木には夏に食用になる赤い実がつきます。ただし、庭木として出回っているのはほとんどが雄木なので、実を楽しみたい場合は実なり品種のつぎ木苗を購入します。光沢のある緑の葉も楽しめます。

管理のコツ

暖地の海岸沿いに自生するので強風や潮風に強く、マメ科と同じ根粒菌があるので肥料は不要です。やせ地でもよく育ちます。

花色　ピンク
実色　赤

主な仕立て方　円柱形／自然樹形

樹形と大きさ　3〜5m／半球形／1.5〜2.5m

剪定のコツ

- 放任すると大きくなりすぎるので最低年1回は剪定する。
- 長い枝、太い枝を切り戻して枝の長さ、太さを均一にする。
- 萌芽力が強いので、葉や芽のないところで切る中芽止めも可能。
- 幹が少し見えるくらいに全体に透かす。

剪定カレンダー

12	11	10	9	8	7	6	5	4	3	2	1
				実 花芽分化		花		芽吹き			
←剪定→			←剪定→								

仕立て直しを兼ねた透かし剪定

剪定前

Before
こんもりと枝葉がしげってやや重たい印象。左側にボリュームが偏ってバランスが悪い。

1 高さを決める
樹冠のラインよりも深めに上を切り戻して高さを決める。

Part3 人気の庭木・花木の剪定

実を楽しむ ●常緑高木 ●ヤマモモ

2 横のラインを整える

ラインから飛び出している側面の枝を深めに切り戻す。

3 枝先を透かす

枝先の太い枝を間引いて透かしていく。太さ、長さの均一な小枝を2〜3本残すようにする。

4 内部の小枝を切り取る

樹冠に達しない内部の短い枝を元から切り取る。

After

全体に透けて、樹形の偏りもだいぶ解消された。毎年同様の剪定を繰り返して、少しずつ樹形を修正していく。

剪定後

クロガネモチ

モチノキ科　常緑高木

樹形がきれいにまとまる庭木の優等生

小さな赤い実が枝いっぱいにつく

どんな木?

秋に小さな赤い実が楽しめます。実を楽しむ場合は雌木を購入します。雌雄異株なので、光沢のある濃い緑の葉や、卵形の美しい樹形も観賞できます。

管理のコツ

有機質に富んだ適度な湿り気のある場所を好みます。カイガラムシやアブラムシが発生しやすいので、透かして風通しのよい環境を保ちます。

主な仕立て方：生け垣／自然樹形
樹形と大きさ：卵形 3〜5m、1.5〜2.5m
実色：赤
花色：ピンク

剪定のコツ

- 生け垣の刈り込みについてはP26〜28参照。年に2回刈り込みを行う。
- 自然樹形の場合は、樹形が乱れてきたら透かし剪定を行う。樹形が暴れないので、ほとんど手間はかからない。

剪定カレンダー

12	11	10	9	8	7	6	5	4	3	2	1
実	実	実					花	花	花		
				花芽分化	花芽分化	花芽分化					
	剪定	剪定	剪定					剪定	剪定		

樹形を整える透かし剪定

Before
やや樹形が乱れている。厚みもあるので、全体に透かす。

剪定前

1 高さをそろえる
上部に飛び出している枝を深めに切り戻す。

2 横をそろえる
樹冠のラインがそろうように、横に飛び出している枝を深めに切り戻す。

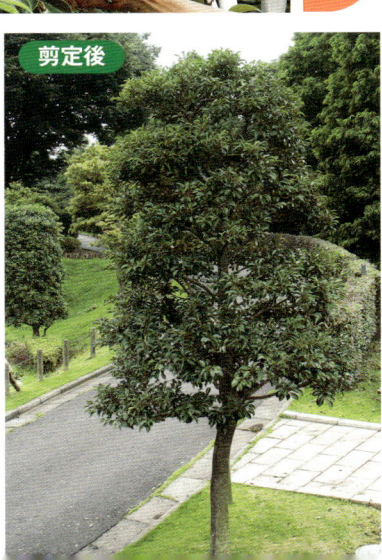

After
込み合った枝を間引いたり、内部の短い枝を元から切り取って剪定終了。全体に透けて幹が見えるようになり、樹形も整った。

剪定後

セイヨウヒイラギ

赤い実と緑の葉のクリスマスカラーが人気

モチノキ科 / 常緑高木

鉢植えでも楽しめる

どんな木?

「クリスマス・ホリー」と呼ばれ、濃い緑の葉と赤い実がクリスマスらしさを演出します。セイヨウヒイラギがモチノキ科であるのに対し、ヒイラギはモクセイ科です。園芸品種が多く、黄色い実や斑入り葉もあります。

管理のコツ

日当たりのよいところを好みます。病害虫はあまり心配ありません。

主な仕立て方
自然樹形

樹形と大きさ
2～3m　円錐形　1～2m

実色
赤、黄

花色
白

剪定のコツ

- 高さを押さえたいときは、芯を切り戻す。
- 自然樹形では細長い円錐形にまとまるので、横に張り出した枝を切り戻して樹形を整える。
- 立ち枝が出やすいので、間が開いているところで切り戻して枝をつくるようにする。
- モチノキ科は中芽止め可。

剪定カレンダー

12	11	10	9	8	7	6	5	4	3	2	1
実	実						芽吹き	芽吹き			
		花芽分化	花芽分化				花	花			
				剪定	剪定				剪定	剪定	

実を楽しむ

- 常緑高木
- クロガネモチ／セイヨウヒイラギ

自然樹形を生かした透かし剪定

上部と下部のバランスが悪い。上に飛び出した芯の枝を切り戻して高さを決め、円錐形のラインに沿って樹形を整えていく。

剪定前

1 高さを決める
芯の枝を好みの高さまで切り戻す。

2 横をそろえる
高さが決まったら、円錐形のラインに沿って横枝を切り戻す。葉や芽のないところで切ってもよい。

3 立ち枝を切り戻す
上に立ち上がっている枝は、不要なら元から切り取る。間が空いてしまう場合は、切り戻して枝をつくるようにする。

183

ビワ

バラ科　常緑高木

病害虫に強く育てやすいおなじみの果樹

丈夫で育てやすい家庭果樹

どんな木？
初心者にも育てやすく、オレンジ色のおなじみ果実を収穫して楽しめます。春の新葉もさわやかで、庭木としても楽しめます。

管理のコツ
ミカンが育つ地域での栽培に向きます。生育が旺盛なので、放任すると周囲の日当たりを悪くします。鉢植えにするか、北側に植えるとよいでしょう。

主な仕立て方：スタンダード／自然樹形
樹形と大きさ：2.5〜3m／半球形／1.5〜2.5m
実色：オレンジ
花色：白

剪定のコツ
- つぼみが枝先に見える9月ごろが剪定の最適期。
- 高さを押さえたい場合は芯を切り戻す。コンパクトな樹形を維持するには、横に張り出した枝を切り戻す。
- 込み合った枝を間引いて内部の日当たり、風通しをよくする。

剪定カレンダー

12	11	10	9	8	7	6	5	4	3	2	1
花						実					花
						花芽分化					
		剪定		剪定			摘果				

こまめな剪定でコンパクトな樹形を保つ

さほど樹形は乱れていないが、これくらいの大きさから剪定を繰り返してコンパクトにしておくと、後の手入れが楽。

剪定前

1 高さを抑える
芯になる枝を切り戻して、高くなりすぎないようにする。

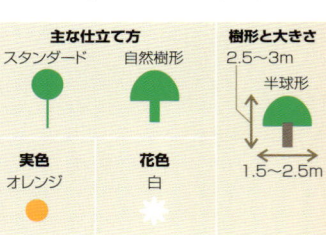

2 幅を抑える
樹冠のラインから飛び出した枝を深めに切り戻す。そのほか、内部の込み合った枝なども切り取って全体に透かす。

プロの技！ 摘果でおいしい実をつくる
4月上旬に強い実を2〜3個残してほかの実を切り取るようにすると、充実したおいしい実がなります。

Part3 人気の庭木・花木の剪定

ピラカンサ

赤、黄、オレンジの鈴なりの実が冬を彩る

バラ科　常緑中低木

鈴なりの実は鳥の大好物

どんな木?

ピラカンサ属の総称で、ヒマラヤトキワサンザシ、トキワサンザシ、タチバナモドキと、種間雑種の園芸品種が栽培されています。初夏にコデマリに似た白い花、冬に鈴なりの赤や黄、オレンジの実が楽しめます。実は鳥の好物です。

管理のコツ

日当たりと水はけのよい場所を好み、耐寒性、耐暑性にすぐれています。

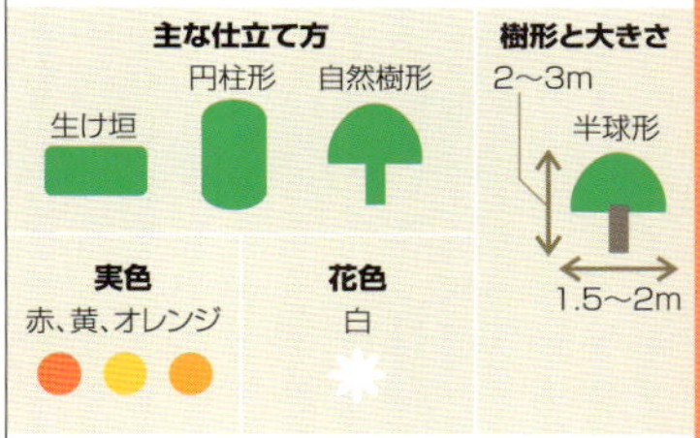

主な仕立て方
- 生け垣
- 円柱形
- 自然樹形

樹形と大きさ
- 半球形　2〜3m　1.5〜2m

実色
赤、黄、オレンジ

花色
白

剪定のコツ

- 萌芽力があるので生け垣にしても楽しめる。P26〜28参照。
- 実は短い枝につくので、長い枝を切り戻して、短い枝を増やすようにする。
- 初心者は実がついてから剪定したほうが残す枝、切る枝を判断しやすい。
- とげがあるのでケガに注意する。

剪定カレンダー

12	11	10	9	8	7	6	5	4	3	2	1
実	実	実		花芽分化	花芽分化	花	花				
		剪定	剪定	剪定						剪定	剪定

実を楽しむ
- 常緑高木／中低木
- ビワ／ピラカンサ

透かし剪定で自然樹形を整える

Before
花が終わり、緑の実がつき始めた株。強い枝が伸び出して樹形が乱れている。

剪定前

1 飛び出した枝を抜く
樹冠のラインから飛び出した強い枝を元から抜く。

2 長い枝を切り戻す
枝の先端の実のついていない部分を切り取る。

After
樹形が整った。枯れた枝や実のついていない不要な枝も元から切り取って整理する。

剪定後

コトネアスター

ヨーロッパではグラウンドカバーとして人気

バラ科 / 常緑中低木

赤い実がかわいらしい

どんな木？
ヨーロッパで人気の庭木で、非常に種類が多く、主にグラウンドカバーとして利用されます。冬に赤い実のついた長い枝を丸めて、クリスマスリースにして楽しむこともできます。

管理のコツ
水はけのよい場所を好み、乾燥によく耐えます。暑さ、寒さに強く、病害虫もほとんど発生しません。

主な仕立て方：自然樹形
樹形と大きさ：ほふく形　0.3〜1m／0.6〜1m
実色：赤　**花色**：白

剪定のコツ
- 長すぎる枝を切り戻す。
- 枝が重り合っている部分は、下側の枝を切り戻して内部を透く。
- 初心者は実がついてから剪定したほうが、残す枝、切る枝を判断しやすい。
- 実のついていない枝を切り取って整理しておくと、実が赤くなったときに見栄えがする。

剪定カレンダー
12	11	10	9	8	7	6	5	4	3	2	1
←実→				←花芽分化→			←花→				
	←剪定→				←剪定→						

観賞価値を高める透かし剪定

Before 緑の実がつき始めた株。ほふく性なので、道路に枝が伸び出している。

剪定前

1 長い枝を切り戻す
道路まで伸び出している枝を芽の上で切り戻す。同じ長さに切りそろえず、長短をつけると自然な雰囲気になる。

2 重なった枝を透かす
枝が重なり合っている部分は、下側の枝を切り戻して中を透かす。

3 枝先を切り戻す
実のついていない枝先を切り取る。

After 全体にすっきりした。不要な枝を除くことで、実の時期の観賞価値が高まる。

剪定後

フェイジョア

美しい花と自家製ならではの味が楽しめる

フトモモ科

常緑中低木

大きな実がなる'マンモス'

どんな木？

南米原産で、果実はセイヨウナシとモモをミックスしたような味です。完熟して自然落下させたものがおいしく、家庭ならではの味が楽しめます。1本だけでは結実しないので、2品種購入します。エキゾチックな花や葉も観賞できます。

管理のコツ

耐寒性がありますが、寒冷地では鉢植えにして霜よけをします。

剪定のコツ

- 枝の先端に花芽がつきやすいので、先端をすべて落としてしまうと実がつかなくなる。
- 株が暴れてきたら、切り戻して樹形を整える。込み合っている部分の枝を間引く。
- 地際から出る枝や株の内部の弱くて短い枝も間引く。

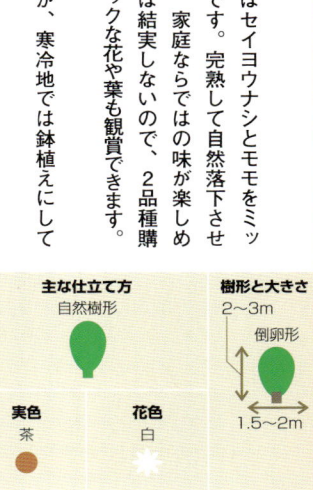

主な仕立て方
自然樹形

樹形と大きさ
2〜3m
倒卵形
1.5〜2m

実色 茶　　**花色** 白

剪定カレンダー

12	11	10	9	8	7	6	5	4	3	2	1
←実→						←花→	←花芽分化→				
							←剪定→				

実を楽しむ
- 常緑中低木
- コトネアスター／フェイジョア

透かし剪定で自然樹形を整える

Before 枝が右方向に倒れている。

剪定前

1 倒れた枝を切り戻す
倒れながら伸びている枝を切り戻して、樹形の傾きを修正する。

2 先端を切り戻す
長い枝は先端を切り戻す。花芽は先端につくので、先端をすべて切り落とさないようにする。

剪定後

After 内部の細かい枝などを切り取って剪定終了。

カキ

カキノキ科 / 落葉高木

日本の秋を代表するおなじみの果実

秋の庭の風物詩

どんな木？
甘柿系と渋柿系があり、甘柿系は「富有柿」「次郎柿」が有名です。盆栽などで楽しまれる小ぶりのロウヤガキなどもあります。

管理のコツ
日当たりがよく、やや粘土質の水もちのよい場所を好みます。カキノヘタムシ、ハマキムシ、カイガラムシなどの害虫と、うどんこ病に注意します。

主な仕立て方：自然樹形
樹形と大きさ：半球形　2～5m／2.5～4m
実色：オレンジ　**花色**：淡黄色

剪定のコツ
- 落葉期に枝数と花芽を減らし、充実した実がなるようにする。
- 樹高をできるだけ低めにする。
- 太い枝はだまし切りにする。
- 前年に伸びた枝の先端に実がなるので、先端を切り戻さない。
- 花後に不要な枝を透かして日当たりと風通しをよくする。

剪定カレンダー
12	11	10	9	8	7	6	5	4	3	2	1
落葉	実	実		花芽分化	花芽分化		花				
剪定				剪定	剪定	剪定			剪定	剪定	

樹形をコンパクトに保つ落葉期の剪定

1 太い枝はだまし切りをする

太い枝の途中でぶつ切りにすると、下の写真のように切り口から実のならない枝が多数伸び出すので、2段階に分けて切り戻す。1年目にたくさん枝を出させて養分を使い切ることで、2年目に不要な枝が出ないようにする。

2年目　1年目

2 枝の先端を残す

前年枝の先端の、大きな芽から伸びた若い枝に実がなるので、切り戻すときは実がなる枝を残すようにする。

先端の芽を残す

枝のないところで切らない

Part3 人気の庭木・花木の剪定

ジューンベリー

バラ科 / 落葉高木

サクラに似た花や果実、繊細な木姿や紅葉も楽しめる

実も花も楽しめる人気の果樹

どんな木?
北米原産なのでアメリカザイフリボクとも呼ばれます。小さなサクランボのような実は、青紫色に熟したら食べ頃です。生食のほかジュースやジャムに加工するのもおすすめです。

管理のコツ
日当たりを好みますが、半日陰でも生育します。病虫害には強いですが、カミキリムシに注意します。見つけたら専用の殺虫剤を注入します。

主な仕立て方：自然樹形
樹形と大きさ：株立ち 2.5〜4m / 1.5〜3m
実色：赤
花色：白

剪定のコツ
● 放任するとひこばえが次々に出てブッシュ状になる。樹高を抑えたい場合は3〜4本幹が立った株立ちにするとよい。1本立ちにする場合は、ひこばえを元から切り取る。
● 絡み枝や内向枝・内部の弱々しい枝が出やすいので適宜透かす。
● 強い切り戻しは落葉期に行う。

剪定カレンダー
12	11	10	9	8	7	6	5	4	3	2	1
紅葉・落葉				花芽分化		実		芽吹き・花			
				←剪定→				←剪定→			

実を楽しむ
● 落葉高木 ● カキ／ジューンベリー

株立ち仕立て。木が若いので強い剪定はしない。余分なひこばえの整理と内部の込み合った枝を透かす程度にする。

剪定前

実を収穫したあとの透かし剪定

1 ひこばえを切り取る
株立ちの場合は、3〜4本の幹を残してひこばえを元から切り取る。1本立ちの場合は主幹以外はすべて切り取る。

2 弱々しい枝を切り取る
内部の弱々しい小枝を元から切って風通しをよくする。

3 内向枝を間引く
枝が込み合った部分は、株の内側に向かう枝などを元から切り取って透かす。

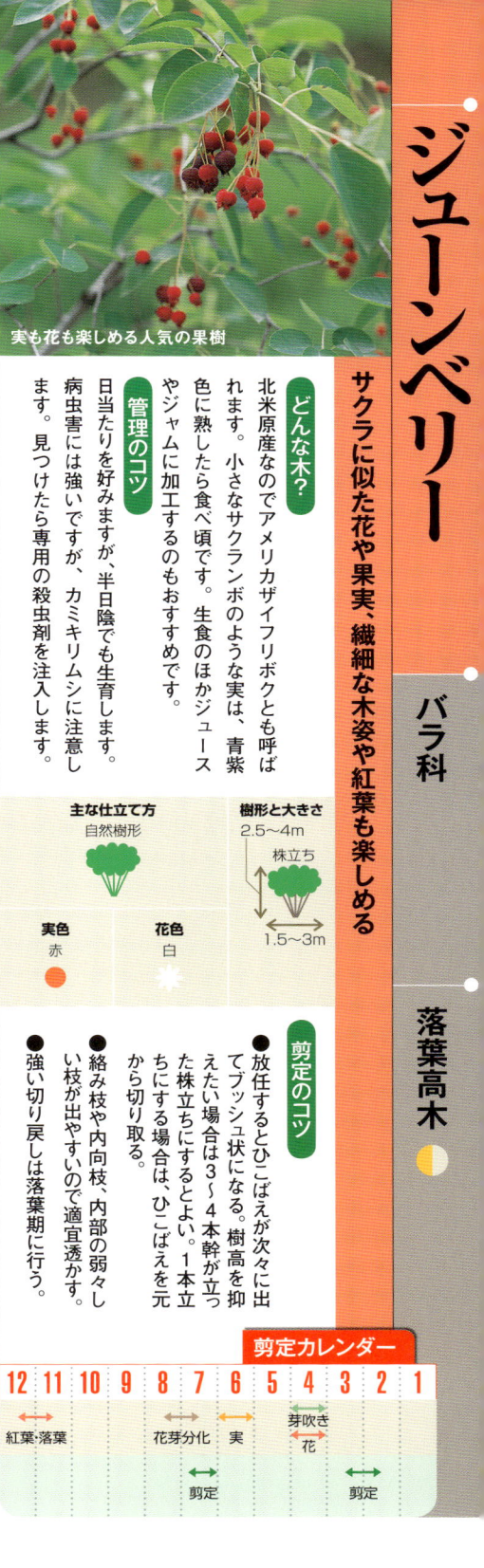

ザクロ

ザクロ科 ・ 落葉高木

老木の味わい。実ザクロと花ザクロがある

完熟したザクロの実

どんな木?

実を楽しむ実ザクロと、花を観賞する花ザクロがあります。実ザクロの花は一重の赤か白、花ザクロは赤、白、黄色、八重咲きなどがあります。実ザクロの果実は完全に裂果したころが最もおいしく、木になったまま完熟させると甘みが増します。

管理のコツ

日当たりと水はけのよい場所を好み、丈夫で育てやすい果樹です。

剪定のコツ

● カキと同様に充実した短枝の先端に花芽をつけるので、徒長枝や弱い枝の間引きを中心にする。
● よじれた幹や枝ぶりなどを見せるようにして、古木感を演出する。
● 翌年の花は減るが、数年に一度は強い剪定をして樹形をコンパクトに保つ。
● 太すぎる枝を抜いて、枝の太さがそろうようにする。

花色 赤、黄、白
実色 赤
主な仕立て方 自然樹形
樹形と大きさ 2.5〜3.5m 半球形 2〜3m

剪定カレンダー

1	2	3	4	5	6	7	8	9	10	11	12
					花	花	花	花芽分化	実／花芽分化		落葉
		剪定	剪定				剪定	剪定			

Before

剪定前

枝や葉が伸びて暴れた印象。幹や枝ぶりが見えなくなっている。

樹形をつくる花後の剪定

1 平行枝を間引く

平行枝

複数の枝が平行に出ているところは、不要な枝を元から切り取って間引く。

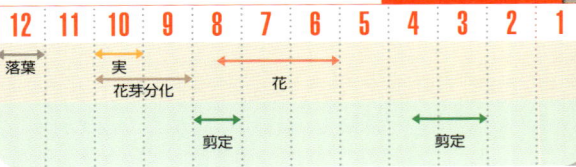

Part3 人気の庭木・花木の剪定　190

実を楽しむ
● 落葉高木 ● ザクロ

5 強い枝を抜く
芯と同じくらいの太さの枝や、周囲の枝よりも太すぎる枝を元から切る。

6 幹吹き枝を整理する
幹から直接出る細かい枝を元から切り取る。

2 流れの悪い枝を抜く
向きや流れの悪い枝を元から切り取る。写真の場合は、真横に伸びる枝を元から抜く。

3 立ち枝を整理する
真上に伸びる立ち枝を元から切り取る。

4 ひこばえを切り取る
株元から出るひこばえを元から切り取る。

After

剪定後

（上）枝が整理されて、ねじれた幹がよく見えるようになった。
（左）味わいのある枝の流れを生かす剪定をする。

191

イチジク

クワ科　落葉中低木

おなじみの果樹。独特の甘みを持つ卵形の実がなる

独特の甘くやわらかい実が楽しめる

どんな木?
実の中に花が咲き、外から見えないのが「無花果」の名の由来です。夏か秋に果実が成熟する一季なり種と、夏と秋に成熟する二季なり種があります。

管理のコツ
弱アルカリ性から中性の土を好むので、毎年石灰をまくと生育がよくなります。カミキリムシが発生しやすいので、捕殺するか木の中に入った幼虫を薬剤処理します。

実色　紫

主な仕立て方　一文字／自然樹形

樹形と大きさ　半球形　2〜3m／2〜3m

剪定のコツ
● 一文字仕立て以外は、樹形はあまり意識しなくてよい。
● 枝の新しく伸びた部分を、下から2〜3芽を残して切り戻す。新しく伸びた部分は色が変わっているので見分けがつく。若い枝を伸ばすことでいい実がなる。
● 一文字仕立てにする場合は、芯を止め、主枝を左右に誘引する。
● 1枝に8〜10個実を残してあとは摘果する。

剪定カレンダー

12	11	10	9	8	7	6	5	4	3	2	1
落葉											
		秋実			夏実						
				花芽分化					花		
剪定										剪定	

コンパクトに仕立てる落葉期の剪定

Before
上や左右に枝が広がり、スペースをとっている。写真は二季なり種。

剪定前

枯れ枝

1 枯れ枝を整理する
白く変色した枯れ枝を元から切り取る。切り口に穴が開いていたら虫が入っているので、専用の殺虫剤を穴に注入する。

実を楽しむ ● 落葉中低木 ● イチジク

2 長い枝を切り戻す
長く伸びすぎた枝はスペースに合わせて芽の上で切り戻す。

5 ひこばえを間引く
ひこばえを数本残して地際から切り取って間引く。

After 切り戻してコンパクトになった。

剪定後

3 新しく伸びた枝を切り戻す
枝の新しく伸びた部分を、下から2～3芽残して切り戻す。

今年伸びた枝
2～3芽残す

剪定の2か月後。切り戻したところの芽から新しい枝が伸び、果実がついている。

4 幹吹き枝を切り取る
幹から直接出ている細かい枝を元から切り取る。

ブルーベリー

甘味のある紫色の小さい果実がなる。可憐な花も魅力

ツツジ科

落葉中低木

ハイブッシュ系の'ウェイマウス'

どんな木？
近年、健康機能食品としても人気が高まっています。寒冷地向けで大粒のハイブッシュ系と、暖地向けのラビットアイ系があります。ハイブッシュ系のほうが食味はすぐれています。

管理のコツ
酸性土壌を好むので、植えつけ時にピートモスを混ぜ込みます。夏場の乾燥に弱いので、株元をバークチップなどでマルチングをします。

剪定のコツ
●落葉後の休眠期に行う。木が若いうちは剪定で花芽の数を減らし、株の消耗を抑える。植えつけて3年以上の株は、主枝を4～5本立て、3年くらいを目安に株元から出る新しい枝と更新する。
●夏場は込み合った枝や葉を透かして風通しをよくする。

主な仕立て方	樹形と大きさ
自然樹形	1～2m 株立ち 0.8～1.5m

実色	花色
紫	白

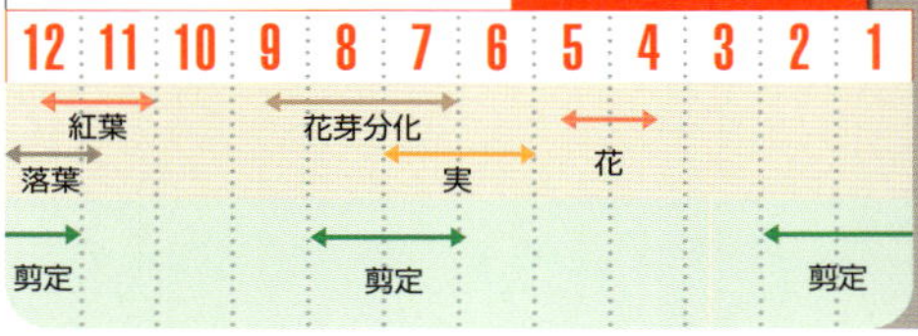

落葉期の剪定

Before
徒長枝で樹形が乱れている。不要な枝を整理して全体を透かし、株の内部に光と風が入るようにする。

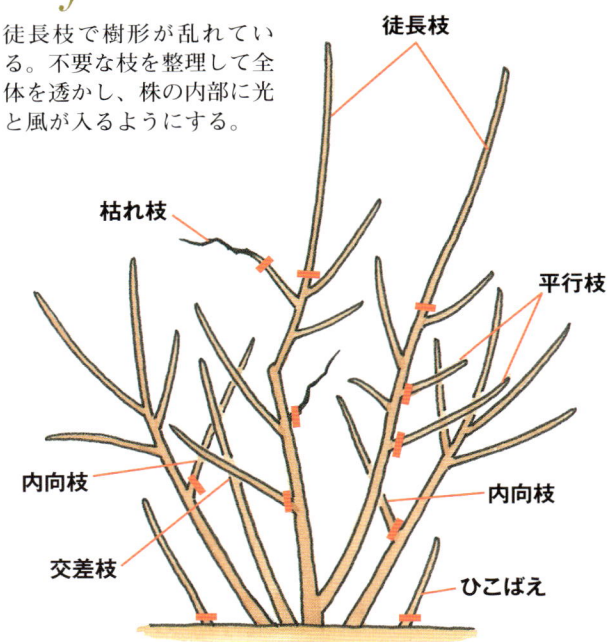

- 徒長枝
- 枯れ枝
- 平行枝
- 内向枝
- 内向枝
- 交差枝
- ひこばえ

After
徒長枝を切り戻し、不要な枝を整理したことでバランスがよくなった。

剪定カレンダー

12	11	10	9	8	7	6	5	4	3	2	1
落葉	紅葉			花芽分化				花			
					実						
剪定				剪定					剪定		

ウメモドキ

モチノキ科

落葉中低木

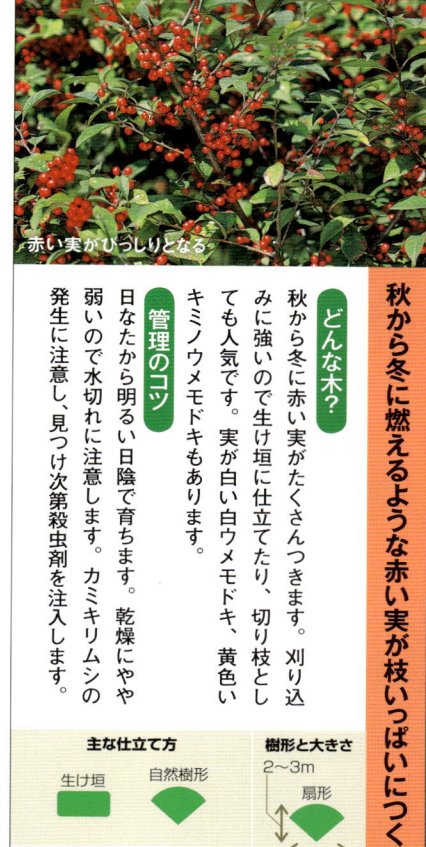

秋から冬に燃えるような赤い実が枝いっぱいにつく

赤い実がびっしりとなる

どんな木？

秋から冬に赤い実がたくさんつきます。刈り込みに強いので生け垣に仕立てたり、切り枝としても人気です。実が白いシロウメモドキ、黄色いキミノウメモドキもあります。

管理のコツ

日なたから明るい日陰で育ちます。乾燥にやや弱いので水切れに注意します。カミキリムシの発生に注意し、見つけ次第殺虫剤を注入します。

主な仕立て方
生け垣　自然樹形

樹形と大きさ
2〜3m　扇形　1〜2m

実色
赤、黄、白

花色
淡紫

剪定のコツ

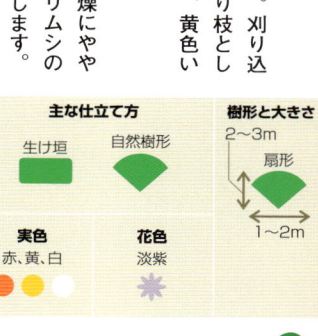

- 春に花芽ができるので、落葉期に剪定をすれば花芽を切り落とす心配がない。
- シュートがいろいろな方向に伸びて暴れるので整理する。シュートはほかの枝に比べて白っぽい色をしているので見分けがつく。
- 込み合った枝を透かす。

剪定カレンダー

12	11	10	9	8	7	6	5	4	3	2	1
	実					花					
落葉							花芽分化				
剪定									剪定		

樹形を整える落葉期の剪定

実を楽しむ
- 落葉中低木
- ブルーベリー／ウメモドキ

細かい枝が多く込み合っている。

剪定前

1 シュートを整理する

枝の途中から勢いよく伸び出すシュートを元から切り取って整理する。ほかの枝に比べて白っぽい色をしているので見分けがつく。

2 枝を透かす

込み合った部分の枝を間引いて透かす。

ガマズミ類（ビバーナム）

レンプクソウ科　落葉中低木

赤や青の実が楽しめる。花や葉が魅力的な種類も多い

花も美しいが、秋の実も華やか

どんな木？
赤や青の実だけでなく、アジサイに似た美しい花も楽しめます。葉も美しいハクサンボク、花が魅力的なカンボク、テマリカンボク、オオデマリなどもガマズミの仲間です。落葉樹と常緑樹があります。

管理のコツ
日当たり、水はけ、水もちのよい場所を好みます。木が若いうちは肥料を施しますが、成木になったら肥料は不要です。

花色	主な仕立て方	樹形と大きさ
白、ピンク	自然樹形	1.5～3m 扇形 1～2m
実色		
赤、青		

剪定のコツ
● 実を楽しむ品種は、春の芽吹き前に剪定を行う。花を楽しむ品種は花後すぐに剪定を行う。
● 放任しても自然にまとまるので、不要な枝を整理するだけでよい。ガマズミ類は枝を透かしすぎないほうが味わいがある。
● 短枝の先端に花芽がつくので落葉期は枝先を切りつめない。

剪定カレンダー

12	11	10	9	8	7	6	5	4	3	2	1
落葉	実			花芽分化		花		芽吹き			
				剪定				剪定			

Before

剪定前

枝数が多いので不要な枝を整理して樹形を整える。

樹形を整える落葉期の剪定

1 太い枝を抜く

幹芯

幹芯と同じくらい太い脇枝は元から切り取る。太い枝を間引くことで、まわりの枝に養分が行き渡るようになる。

Part3 人気の庭木・花木の剪定

実を楽しむ ●落葉中低木 ● ガマズミ類

After

剪定後

小枝や徒長枝が整理されて樹形が整った。

豪華な花が咲くガマズミ類のテマリカンボク。

徒長枝

2 徒長枝を切り戻す
長く伸び出している枝は樹冠内におさまるように切り戻す。

平行枝

3 平行枝を間引く
複数の枝が平行に出ているところは、不要な枝を元から切り取る。

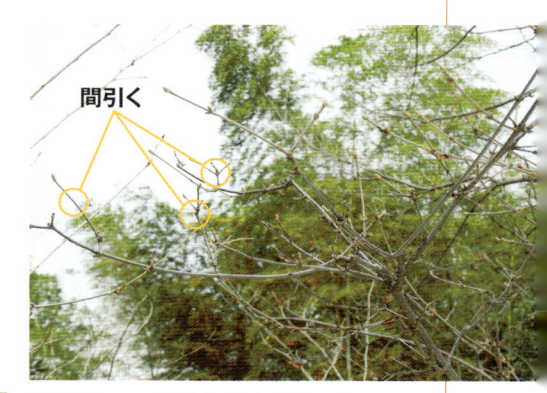

間引く

4 先端の小枝を透かす
枝の先端の小枝を間引く。

キウイ

マタタビ科 / 落葉中低木

旺盛につるを伸ばし、ビタミン豊富な個性的な果実がなる

自家製ならではの完熟した味を楽しみたい

どんな木?

ニュージーランドの国鳥キウイが名の由来ですが、原産地は中国で、ニュージーランドで品種改良されました。日本で流通している苗のほとんどが「ヘイワード」という品種で、病害虫に強く、花芽がつきやすいのが特徴です。関東地方以西での栽培に適します。鉢植えなら全国で栽培が可能です。

管理のコツ

- 生育旺盛でつるがどんどん伸びるので放任しない。
- 主枝を2本にし、それ以外の太い枝を元から切り取る。
- 棚に絡みついた枝は切り取る。
- 細く長い脇枝は切り戻すか元から切り取って、短い枝を伸ばす。
- 剪定後は枝を誘引する。

主な仕立て方
棚仕立て

樹形と大きさ
3〜5m / つる性 / 10m〜

実色：茶　花色：白

剪定カレンダー

12	11	10	9	8	7	6	5	4	3	2	1
落葉		実			花芽分化		花				
					剪定					剪定	

剪定

実つきをよくする切り戻し剪定

Before 長いつるが勢いよく伸び出している。

剪定前

1 絡んだつるを切り取る
棚に巻きついたつるをはずして元から切り取る。

2 長い枝を切り取る
長すぎる枝は元から切り取るか3〜5芽残して切り戻す。

3 誘引する
剪定後、枝が太ることも考慮してゆるめに棚に誘引する。

After 主枝が2本立ち、それぞれの脇枝から短枝が出ているのが理想。花や実は短枝につく。

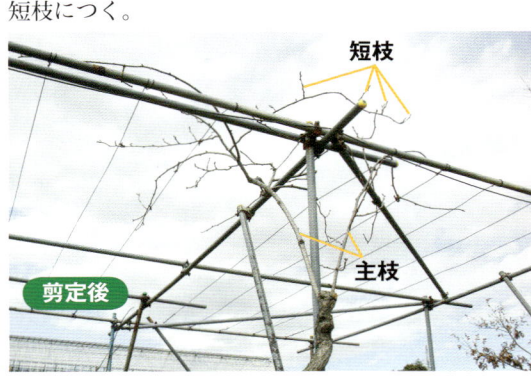

短枝 / 主枝

剪定後

生け垣の刈り込み後の施肥

カミキリムシの被害

移植時の根巻き作業

Part 4
庭木・花木の管理

剪定以外の庭木・花木の管理の基本を紹介します。
移植は木を枯らしてしまう危険もあるので、慎重に行います。
肥料は、木を大きくしたくない場合は控えめに。
薬剤を散布するときは使用方法を必ず守りましょう。

庭木・花木の管理 1

移植の方法

木が成長して株間が狭くなったり、庭木のレイアウトを変えたい場合は移植を行います。重要なのは、根鉢をなるべく崩さないこと。移植の際は根巻きをして根鉢を保護します（根が細いツツジ類などは不要）根鉢で根を切るので、移植後は剪定を行い、枝葉の数を減らして葉からの水分の蒸散量を抑えます。

株を掘り上げる

1 作業しやすいように下のほうの枝を麻ひもなどで縛る。写真はカナメモチ。

2 幹の周囲の土の表面を根が出てくるまでスコップで削り取る。このとき雑草なども取り除く。

3 スコップを垂直にして根を切断しながら根鉢をつくる。根鉢の大きさは、幹が太い（直径5cm以上）場合は、半径が幹の直径の2.5～3倍、細い場合は4倍程度にする。

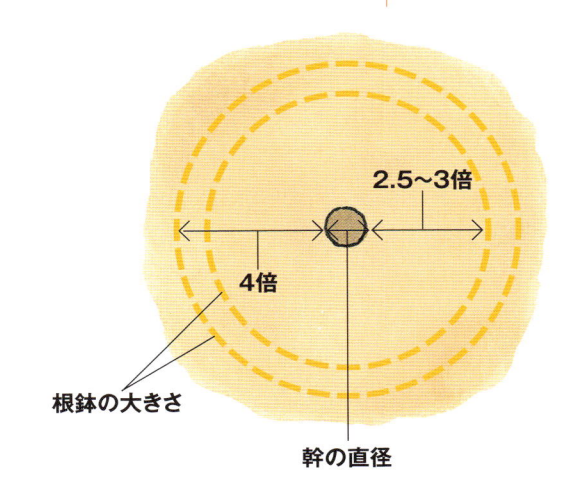

2.5～3倍
4倍
根鉢の大きさ
幹の直径

4 根鉢の周囲の土を掘る。根鉢の直径：深さを、3：2ぐらいにする。

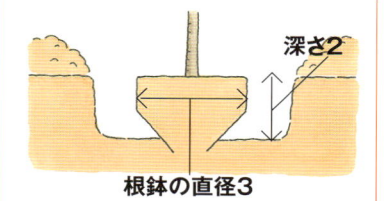

Point
根の切り口をきれいに
根鉢から飛び出ている根をハサミで切り取る。切り口をきれいに切っておくと新しい根が出やすい。

Point
根を切断する
スコップやハサミで切断できない太い根はノコギリで切る。

5 根鉢の下に四方から斜めにスコップを差し込んで下根を切断し、根鉢を持ち上げる。このとき根鉢を崩さないようにする。

6 麻布の下に垂直に麻ひもをセットし、布の上に根鉢を寝かせて置く。

7 幹に麻ひもを縛って固定し、ひもをかけながら根鉢の周囲を麻布で巻く。土が崩れやすい場合は、根鉢の底も麻布で覆う。

8 株の掘り上げと根巻きが終了。

掘り上げた株を植えつける

1 植えつけたい場所に根鉢の直径の1.5倍の植え穴を掘る。深さは根鉢の高さと同じ。掘り上げた土は周囲に土手状に盛り上げて「水鉢」をつくるようにする。

2 株を植え穴の中央に置く。このとき、地面と根鉢の表面の高さが同じになるようにする。掘り上げた土を半分埋め戻す。

3 植え穴にたっぷりと水を注ぎ、根鉢の下まで土を流し込むことで根鉢と土を密着させる。この作業を「水決め」という。

4 残りの土を埋め戻す。全部埋めてしまわず、少し残しておく。

5 残した土を土手状に盛り上げ、もう一度植え穴に水を貯める。ホースでつついて土をならす。

6 植えつけ終了。購入した苗木の植えつけもやり方は同じ。水は穴にたまったままにしておく。

移植後の剪定と支柱立て

1 移植で根を切った分、強めに剪定して葉からの水分の蒸散量を抑えるようにする。剪定の方法はPart3参照。

2 株のぐらつきを抑え、根の活着をよくするために支柱を立てる。タケなどの支柱を斜めにすえ、ハンマーで打ち込んで固定する。

庭木・花木の管理 2

肥料

有機質肥料

油かす
植物のタネから油を絞ったあとに残るかすを固めたもの。チッソ分が多く、骨粉などと合わせて使う。写真は中粒。

油骨粉（あぶらこっぷん）
動物の骨を蒸してから粉状にしたもので、リン酸分が多い。油かすに3割程度加えて使う。写真は油かす、米ぬかを配合した固型タイプ。

化成肥料

固形の化成肥料
チッソ、リン酸、カリの三要素を中心に、さまざまな配合のものが市販されている。必ずパッケージで庭木・花木用であることを確認する。施す量は1㎡につきひと握り（約50g）が目安。

休眠中に「寒肥（かんごえ）」として油かすや骨粉などの有機質肥料か、固形の化成肥料を施します。ゆっくり効く有機質肥料は12月中旬から1月中旬に、早く効く化成肥料は2月中旬に、樹冠の下にばらまいて軽くすき込みます。生育がよい場合や成長を抑えたいときは肥料は不要です。刈り込み後の施肥は28ページを参照。

樹冠の下に肥料をばらまいてスコップで軽く土にすき込む。

3 幹を傷つけないように保護材を巻いてからシュロ縄などで支柱に固定する。

4 土手状にした残りの土を埋め戻す。

移植作業の終了。

庭木・花木の管理 3

主な病害虫と対処法

病気と害虫	対処法
うどんこ病 葉や花、つぼみ、花茎などに白い粉をふりかけたようなカビが生える。6月から11月（夏を除く）の雨の少ない時期に、枝や葉が密に茂り、風通しが悪いと発生する。アジサイ、カエデ、ハナミズキ、サルスベリ、フヨウなどに多い。 	全体に広がると防除が難しくなるので、発生初期に適用のある薬剤を散布する。
もち病 カビによる病気で、ツツジ、ツバキ、チャ、モモに多くに発生する。もちのように若葉がふくれるのが特徴。最後に表面が白いカビで覆われて落葉する。春の雨が続き、日照不足になると発生する。 	病気になった葉を早めに摘み取ってほかの葉への感染を防ぐ。
ケムシ類 毛のあるガの幼虫の総称で、チャドクガ、アメリカシロヒトリ、イラガなどが代表的。チャドクガやイラガは毒毛に触れないようにする。チャドクガはツバキ、アメリカシロヒトリはサクラやハナミズキ、イラガはカエデなどに発生しやすい。 	幼虫が大きくなると薬剤が効かなくなるので、枝ごと切り取って処分するか、早めに適用のある薬剤を散布する。
アブラムシ 葉や芽、つぼみなどに発生して植物の汁を吸うだけでなく、モザイク病やウイルス病なども媒介する。多くの落葉樹に発生する。 	見つけ次第適用のある薬剤を散布する。
カイガラムシ 葉や茎、枝に固着して吸汁したあと甘い汁を出すので、そこにすす病が発生して黒く汚れることがある。風通しが悪いと発生するので、込み合った枝はこまめに整理する。ゲッケイジュやギンヨウアカシアなどで見られる。 	移動するタイプは成虫になっても薬剤が効くが、厚い殻で覆われるタイプは薬剤が効かなくなるので、幼虫期に適用のある薬剤を散布する。
カミキリムシ テッポウムシと呼ばれるカミキリムシの幼虫が幹に穴をあけて内部を食害する。被害にあった枝が枯れ込み、枯死する場合もある。ツツジ、ツバキ、カエデなど多くの庭木・花木に発生する。 	幹に穴や木くずを見つけたら、適用のある薬剤などを注入する。

薬剤の種類と使い方

植物の薬剤には、害虫に効く殺虫剤と病気に効く殺菌剤、害虫と病気の両方に効く殺虫・殺菌剤の3種類があります。これらの薬剤は農薬であり、「農薬取締法」という法律で、使用できる植物と病害虫の組み合わせ、希釈倍数、使用方法などが定められています。薬剤を使用する際は、薬剤のパッケージのラベルを確認し、必ず使用方法を守りましょう。

薬剤のタイプには、エアゾール剤やスプレー剤などのハンディタイプと、水に溶かして使用する水和剤、乳剤、土にまく粒剤（高木には効果が低い）などがあります。部分的に散布する場合はハンディタイプが便利ですが、庭木全体や広範囲に使用する場合は、水和剤、乳剤がおすすめです。

薬剤を購入、使用するときはパッケージの裏面をよく確認する。

【適用病害虫と使用方法】

作物名	適用病害虫名	希釈倍数
さるすべり	アブラムシ類 サルスベリフクロカイガラ うどんこ病	500倍
はなみずき	アメリカシロヒトリ うどんこ病	
つばき さざんか	チャドクガ	
きく	アブラムシ類 白さび病	

●使用方法：散布
●同封の説明書に使用回数、散布液の作り方、上手な散布の仕方、注意事項等が詳しく書いてあります。

⚠ 安全使用上の注意
●誤飲に注意。●眼に入らないように注意。眼に入った場合には直ちに水洗し、眼科医の手当を受ける（刺激性）。●皮ふに付着しないよう注意。付いた場合は直ちに石けんでよく洗い落とす（刺激性）。●散布液調製時及び散布時は、保護眼鏡、農薬用マスク、手袋、長ズボン・長袖の作業衣などを着用する。作業後は手足、顔などを石けんでよく洗い、うがいをするとともに洗眼する。●蚕に長期間毒性があるので、付近に桑園がある所では使用しない。

部分的な散布に便利なスプレー剤（右）、エアゾール剤（中）、カミキリムシに効くノズルタイプ

カミキリムシが侵入した穴を見つけたら、ノズルを穴にさしこんで薬剤を注入する。

大きな庭木への散布

庭木全体や広範囲に薬剤を散布する場合は、噴霧器を利用すると便利です。散布時はレインコート、手袋、メガネ、マスク、帽子を着用して薬剤が身体にかからないようにし、散布後は石けんでよく手を洗い、うがいをします。また、風の強い日を避け、日中の気温の高い時間に散布すると薬害をおこすことがあるので、早朝か夕方に散布します。ご近所にも一声かけましょう。

噴霧器のノズルを内側にさしこんで、葉裏にもしっかり薬剤がかかるようにする。

風向きに気をつけて、風上から散布する。

索引

ア

- アオキ … 54
- アオダモ … 101
- アカマツ … 66
- アカメ … 13
- 麻布（あさぬの）… 13
- 麻ひも … 13
- アジサイ … 163
- アセビ … 125
- アブラムシ … 204
- アベリア … 134
- アメリカイワナンテン … 65
- アメリカハイネズ … 89
- アラカシ … 42
- 生け垣（いけがき） … 21、26
- 移植（いしょく） … 200
- イチジク … 192
- 一本立ち（いっぽんだち） … 20
- イトスギ … 81
- イトヒバ … 74

カ

- オリーブ … 48
- 扇形（おうぎがた） … 21
- 円柱形（えんちゅうけい） … 21
- 円錐形（えんすいけい） … 21
- ウメモドキ … 195
- ウメ … 140
- うどんこ病 … 204
- ウツギ … 164
- 内芽（うちめ） … 18
- 植木バサミ（うえきバサミ） … 12
- イヌマキ … 86
- イヌツゲ … 34
- カナメモチ … 56
- 下垂枝（かすいえだ）… 23
- カシ類 … 42
- 重なり枝（かさなりえだ）… 22
- カクレミノ … 41
- カキ … 188
- 返り枝（かえりえだ）… 23
- カエデ … 94
- カイガラムシ … 204
- 株立ち（かぶだち）… 20
- ガマズミ類 … 196
- カミキリムシ … 204
- 刈り込みバサミ（かりこみバサミ）… 12、26
- カルミア … 128
- 枯れ枝（かれえだ）… 22
- 柑橘類（かんきつるい）… 178
- キウイ … 198
- キャラボク … 82
- キョウチクトウ … 118
- キンモクセイ … 116
- ギンヨウアカシア … 115
- クチナシ … 130
- クヌギ … 104
- 車枝（くるまえだ）… 22
- クロマツ … 66
- クロモジ … 107
- クロガネモチ … 182
- ケムシ類 … 204
- ゲッケイジュ … 44
- 交差枝（こうさえだ）… 23
- コウヤマキ … 84
- コデマリ … 158
- コトネアスター … 186

サ

- コノテガシワ … 101
- コバノトネリコ … 76
- サカキ … 59
- 下がり枝（さがりえだ）… 23
- サクラ … 136
- ザクロ … 190
- サザンカ … 112
- サツキ … 120
- サルスベリ … 152
- サワラ … 72
- 三脚脚立（さんきゃくきゃたつ）… 14
- シダレエンジュ … 30
- 枝垂れ形（しだれけい）… 20、30
- シダレザクラ … 136
- シダレモミジ … 98
- シマトネリコ … 50
- シモツケ … 160
- シャクナゲ … 126
- シャリンバイ … 58
- シュート … 23
- シュロ … 90

206

タ

- シュロ縄 ……… 13
- ジューンベリー ……… 189
- シラカシ ……… 42
- ジンチョウゲ ……… 129
- 芯 ……… 29、80
- 透かし剪定 ……… 24
- スタンダード仕立て ……… 21
- スモークツリー ……… 149
- セイヨウヒイラギ ……… 183
- 剪定バサミ ……… 12
- ソテツ ……… 92
- 外芽 ……… 18
- ソヨゴ ……… 40

タ

- タケ ……… 93
- タニウツギ ……… 166
- 立ち枝 ……… 23
- 玉づくり ……… 21
- 玉散らし ……… 21
- ツツジ ……… 120
- ツバキ ……… 110
- テルテモモ ……… 143

ナ

- トピアリー ……… 21
- 徒長枝 ……… 22
- トキワマンサク ……… 119
- 胴吹き枝 ……… 23
- ドウダンツツジ ……… 170
- トウヒ ……… 70
- 内向枝 ……… 23
- ナンテン ……… 102
- ナツツバキ ……… 60
- ニオイヒバ ……… 78
- ニシキギ ……… 109
- ノコギリ ……… 13

ハ

- バイカウツギ ……… 165
- ハナカイドウ ……… 162
- ハナミズキ ……… 146
- 花芽分化 ……… 17
- ハナモモ ……… 143
- ヒイラギナンテン ……… 133

マ

- ヒラカンツバキ ……… 132
- ヒラカンサ ……… 185
- ピラカンサ ……… 185
- 肥料 ……… 203
- ビワ ……… 184
- フェイジョア ……… 187
- フジ ……… 176
- ふところ枝 ……… 23
- フヨウ ……… 175
- ブルーベリー ……… 194
- 平行枝 ……… 22
- ボケ ……… 161
- マツ ……… 144
- マンサク ……… 66
- 箕 ……… 15
- 幹吹き枝 ……… 23
- ミドリ摘み ……… 69

ヤ

- 模様木 ……… 21
- モッコク ……… 94
- モミジ ……… 52
- モチノキ ……… 204
- もち病 ……… 38
- モクレン ……… 155
- メギ ……… 108
- ムクゲ ……… 150
- ミモザ ……… 115
- ヤツデ ……… 64
- ヤマザクラ ……… 139
- ヤマボウシ ……… 146
- ヤマモモ ……… 180
- ユキヤナギ ……… 156
- ユズリハ ……… 47

ラ

- ライラック ……… 174
- レンギョウ ……… 173
- ロウバイ ……… 168

207

＊著者略歴─── 玉崎弘志（たまざき ひろし）
1946年生まれ。自然風庭園の大家、故・小形研三氏のもとで雑木を使った庭づくりを学ぶ。（株）湘南グリーンサービスで個人庭園から公共のスペースまで幅広く造園と管理を手がけ、浜名湖花博（2004年）では「モネの庭」のチーフガーデンデザイナーを務める。現在はフリーで庭づくりを請け負うかたわら、明星大学造形芸術学部講師、NHK「趣味の園芸」講師も務める。

【主な出版物】
『わが家の庭木を剪定する』（NHK出版）など。

＊撮影協力─── （株）湘南グリーンサービス／尾上園／三丘園／かしや園／仲之桜園／広瀬善一郎邸／永井正憲邸／村越喜一邸／大庭台墓園

＊本文デザイン── 志岐デザイン事務所
＊イラスト──── 江口あけみ
＊写真提供──── アルスフォト企画／矢嶋恵理
＊撮影────── 小形又男
＊編集担当──── 澤幡明子（ナツメ出版企画）
＊編集協力──── 矢嶋恵理

本書に関するお問い合わせは、書名・発行日・該当ページを明記の上、下記のいずれかの方法にてお送りください。電話でのお問い合わせはお受けしておりません。
・ナツメ社webサイトの問い合わせフォーム
　https://www.natsume.co.jp/contact
・FAX（03-3291-1305）
・郵送（下記、ナツメ出版企画株式会社宛て）
なお、回答までに日にちをいただく場合があります。正誤のお問い合わせ以外の書籍内容に関する解説・個別の相談は行っておりません。あらかじめご了承ください。

はじめての 庭木・花木の剪定と手入れ
2022年4月20日発行

著　者　玉崎弘志　　　©Tamazaki Hiroshi, 2008
発行者　田村正隆
発行所　株式会社ナツメ社
　　　　東京都千代田区神田神保町1-52 ナツメ社ビル1F（〒101-0051）
　　　　電話 03(3291)1257（代表）　FAX 03(3291)5761
　　　　振替 00130-1-58661
制　作　ナツメ出版企画株式会社
　　　　東京都千代田区神田神保町1-52 ナツメ社ビル3F（〒101-0051）
　　　　電話 03(3295)3921（代表）
印刷所　株式会社リーブルテック

ISBN978-4-8163-4460-2　　　　　　　　　　　Printed in Japan

本書の一部または全部を、著作権法で定められている範囲を超え、ナツメ出版企画株式会社に無断で複写、複製、転載、データファイル化することを禁じます。
＜定価はカバーに表示してあります＞
＜落丁・乱丁本はお取り替えします＞

ナツメ社Webサイト
https://www.natsume.co.jp
書籍の最新情報（正誤情報を含む）はナツメ社Webサイトをご覧ください。